U0522322

四川美术学院学术出版基金资助项目
四川美术学院博士科研项目（17BS021）成果

福柯的生存美学思想研究
——从"关怀自身"到女性主义

郭硕博 著

中国社会科学出版社

图书在版编目(CIP)数据

福柯的生存美学思想研究:从"关怀自身"到女性主义/郭硕博著.—北京:中国社会科学出版社,2017.12

ISBN 978-7-5203-1811-2

Ⅰ.①福… Ⅱ.①郭… Ⅲ.①福柯(Foucault,Michel 1926—1984)—生命哲学—哲学思想—研究 Ⅳ.①B565.59

中国版本图书馆 CIP 数据核字(2017)第 324952 号

出 版 人	赵剑英
责任编辑	郑 彤
责任校对	夏慧萍
责任印制	李寡寡

出　　版	中国社会科学出版社
社　　址	北京鼓楼西大街甲 158 号
邮　　编	100720
网　　址	http://www.csspw.cn
发 行 部	010-84083685
门 市 部	010-84029450
经　　销	新华书店及其他书店

印　　刷	北京君升印刷有限公司
装　　订	廊坊市广阳区广增装订厂
版　　次	2017 年 12 月第 1 版
印　　次	2017 年 12 月第 1 次印刷

开　　本	710×1000　1/16
印　　张	11
字　　数	151 千字
定　　价	49.00 元

凡购买中国社会科学出版社图书,如有质量问题请与本社营销中心联系调换
电话:010-84083683
版权所有　侵权必究

序

本书通过对福柯（1926—1984）的思想脉络进行梳理与把握，围绕康德与福柯对"启蒙"概念的阐释和波德莱尔等人对"现代性"的理解，勾勒出福柯对"客体化的主体"的批判，以及由此建立的关于自身的美学理论（l'esthétique de soi-même），即生存美学（l'esthétique de l'existence）。在文本解读的基础上，本文着重讨论生存美学的内涵及外延，尤其是该理论对当代女性主义思潮起到的启示作用及可能存在的局限性。

本书的写作分为六章，并在每一章的写作中，集中解决相关的问题。

第一章为福柯思想的概述。这包括福柯的思想背景、理论渊源和体系等，并着重梳理其思想历程中的三大关键词，即真理、权力和伦理。对以上体系的梳理是理解和分析其思想的基础性工作，并为下文的进一步阐述奠定基础。

第二章对福柯关于启蒙以及现代性的思想进行集中论述。福柯关于启蒙思想的主要对手是康德，因此，应当先对康德关于启蒙的思考开展分析。康德认为，启蒙是"人走出其自我招致的未成年状态"。但是福柯自从在1966年发表著作《词与物》开始，他便对理性以及"能从其他人的统治下解放出来从而成为成熟的、自身的"具有自律性的主体提出了怀疑，之后，他从启蒙思想抽出"主体的理性自律"（the subject's rational autonomy）概念。在福柯那里，启蒙代表着一个批判的时代，而人类正是从此开始产生出"现代性主体"的概念。

在康德与福柯的思想比较中，本书引出福柯关于现代性的思考。人们所理解的"现代性"，通常是指自启蒙时代以来一种新的世界体系生成的观念，即一种持续进步的、合目的性的、不可逆转的时间观念。但是，这种观念在福柯那里产生了变化，他在《什么是启蒙》中，将"现代性"归纳为一种态度，一种将自己与时代、与未来关联起来的态度。由此，"现代性"具有"偶然性、过渡性、逃避性"的因素，含有一种对"在即刻当下当中某种永恒的重新捕捉"的意图。

在波德莱尔那里，有关现代性的问题被诗意地融入浪荡子（dandy）的形象中，他们的生活行为方式，传达出一种追求"时代的要求"，一种通向未来的艺术真谛的方式。波德莱尔使用"现代性"一词指称那种处于"现时性"和纯粹即时性的现在，也就是说，"现代性"正是现在之中的每一个瞬间（each present in its presentness），它是在纯粹瞬间性中的、立即流逝成为过去的当下，并且它含有永恒的因素。"现代性"最显著的特征表达为一种追寻某种当下的趋势，或是转瞬即逝性中对于某种感官现时的把握。因此，这种理解表达出一种时间意识的悖论，这种关于现代性的意识，正是现代概念历史上一个全新的转折点。

本书的第三章论述福柯围绕"自身"（le soi-même）建立起的美学思想，这种美学是福柯从有关"人之存在"的思考中发展出来的。人的存在，最基本的存在首先是人的身体的存在。在现代的思想维度中，这不仅是关于身体的美学，同时也是从身体出发的美学。福柯理解的身体与尼采的身体观是不同的，后者的身体对世界进行着主动的批判和衡量，而福柯的身体则是被动地记录着各种历史性事件，并且身体也随之被逐渐驯服。因此，福柯所指的身体可以被看作某种历史客观事物的身体，即身体是来源的处所，历史事件造就身体,并在身体上得到展示。在流逝的时间中,不停地发生的诸多事件不断冲刷着身体,而身体也同时在相异力量的碰撞冲突中不断改变着自身,从而呈现出与时俱变的新面孔。福柯一直坚持在描述一套将身体建构成某种文化性建筑物的体制,由此形成一系列关于"自身"的美学探讨和批判,并在其关于身体的思想谱系中彰显出意义。

第四章着重分析福柯的生存美学。福柯的早期和中期尝试分析和讨论的一系列思想主题,都透露出一种对启蒙时代以来通行的思想、行为和生活模式进行"逾越"的强烈意愿。福柯对这些问题进行探索的实际意图是,使"我们自身"真正恢复成为原本的"我们自身",反对一切来自个体自身以外的规范性的权力体系对自身的干预、主宰、规训和控制,由个体自身出发,凭借自身的审美愉悦欲望,实现自身意欲实行的思想、行为和生活。他推崇个体通过自由选择,将自身放入一段不断改造和完善的生命过程中,从而实现个体风格化的存在方式。生存美学就是要通过"自我的技术"得以实现。生存美学强调,只有在审美性的超越过程中,人才能达到其追求的最高自由。人正是在审美自由中,才有可能实现创造、逾越、满足个人审美愉悦以及更新自身生命的过程。而福柯在晚年将这样的"关怀自身的生存方式",称为生活技艺、生活艺术、生存艺术或生存美学。

在古希腊思想中,自我沉思和关怀自我本是辩证的关系。到希腊化和罗马时代,关注自我逐渐发展成为一种普遍原则。受到良好教育的个体为了更好地自我照看,必须离开政治,关怀自我更被看作一种贯彻终生的生活方式,而自我知识只是其中的一个部分。古希腊罗马直至基督教早期,人们主要通过节制等手段寻找具有美学性质的生活状态。在此时期,教育倡导的节制并非意味着让个体服从某种规范,而是让人能够成为自己的主人。从基督教时期开始,西方社会之中对于自身和主体的认识才开始发生断裂,个体对于自身的态度也继而产生变化,即个体只有通过弃绝自身,才能跟随真理。由此,忏悔成为基督教推行的重点技术,其中心即服从和默祷。个体行为准则由关怀自身变成受制于规范、对自身进行否定和压制,自我关怀被自我忏悔和抛弃所取代,曾经属于自我技术的节制美德转而成为强制性的禁欲主义。正是从这一时期起,由自身关怀创造出的美好生活开始进入否定现世生活的阶段。

现代思想的批判,首选必须展开对个体主体性的自我重读。现代社会中的个体承受着无处不在的规训和压制,为了能使主体重新得到解放,人们必须为此提出有创造性的方案。福柯正是从对西方古代思想的重读中得到了启发,并提出关怀自身的实践理念。福柯美学思想的核心在于生存美学,也可以被概括为一种关于自身的美学,他对"自身"(self)、"主体"(subject)的强调,正是这种美学的重要特征之一。本书试图以谱系学的视角考察这一美学观念的发展过程,即从以回忆和沉思达到生命中完满的智慧、和善,到基督时代发出断裂式的"检查你自己"以及对"自身"进行自我否定和抛弃的律令。

第五章着重分析福柯的生存美学对女性主义形成的影响。朱蒂斯·巴特勒和西蒙·波伏娃等人从女性主义与存在主义的观念出发,结合福柯关于现代权力、主体性以及生存美学的理论,对传统社会文化中的歧视问题做出批判,并呼吁重新建构关于"女性"的概念。她们提出,女性并不是生而成为弱者,而是受到社会规训教育的结果。女性主义作为当代思潮阵营中的重要组成部分,反对任何关于所谓"本质"的界定,即世界本不存在有所谓女性的"自然本质"。

在此基础上,第六章提出在女性主义思潮内部的"他者"问题,尤其是第三世界女性主义的反思。人们应当尊重女性话语域内由于不同的种族和文化等因素带来的多元化倾向,并且向正在走向"语言、世界和自我意识"的第三世界女性学习,以一种更加公正、平等的角度为自身发出声音。只有当社会中有越来越多的个体，包括男性、女性以及其他性别，愿意承担风险并选择属于自己的个性化生活方式，反抗社会改造个体的强力，这种权力的强制力量才能够被削弱、瓦解，女性主义呼吁的那种在个体自身与美的问题上个体化、多元化和民主化的理想社会，才能最终成为现实。

本书的最后一部分将充分利用已有的批判理论资源，揭示内在于福柯思想中的矛盾与不足，譬如在其思想构建过程中对性别差异的忽视，在"关怀自身"的理论中可能存在的不平等现象，以及生存美学的思想限度等，并对福柯之后的当代思想与美学精神的延续做出归纳与展望。

作者
2017 年 4 月

目　　录

第一章　福柯思想概述 …………………………………………（1）
　第一节　关于福柯 ……………………………………………（1）
　第二节　思想渊源 ……………………………………………（6）
　　一　德国哲学 ………………………………………………（6）
　　二　法国哲学 ………………………………………………（9）
　　三　法国文学 ………………………………………………（11）
　第三节　围绕主体的主题 ……………………………………（14）
　　一　真理 ……………………………………………………（18）
　　二　权力 ……………………………………………………（22）
　　三　伦理 ……………………………………………………（24）
　第四节　影响与评价 …………………………………………（29）
第二章　启蒙与现代性 …………………………………………（32）
　第一节　康德论启蒙 …………………………………………（33）
　第二节　理性的多样性 ………………………………………（35）
　第三节　启蒙与现代性的关系 ………………………………（39）
　第四节　现代性的悖论 ………………………………………（41）
　第五节　波德莱尔论现代性 …………………………………（47）
　第六节　福柯论现代性 ………………………………………（50）
第三章　"自身"的美学 …………………………………………（56）
　第一节　审美的主体：在高与低的边界之中 ………………（56）

　　第二节　自身的技术 …… (60)
　　　一　古希腊、希腊化和罗马时代 …… (61)
　　　二　基督教时期的断裂性改造 …… (67)
　　　三　西方思想中的"转向自身" …… (68)
　　第三节　身体的谱系学 …… (72)
　　第四节　身体作为艺术创作的场所 …… (79)
　　第五节　关怀自身 …… (82)

第四章　"自身"与生存美学 …… (88)
　　第一节　福柯与生存美学 …… (88)
　　第二节　生命的自我治理 …… (90)
　　第三节　生存美学的意义 …… (91)

第五章　"自身"的美学与女性主义 …… (98)
　　第一节　性与身份 …… (98)
　　第二节　女性主义与身体 …… (103)
　　第三节　女性作为第二性 …… (106)
　　第四节　第三世界女性主义 …… (115)
　　第五节　生存美学对当代女性主义的启示 …… (121)

第六章　思想的边界 …… (134)
　　第一节　性别差异的盲区 …… (135)
　　第二节　女性和他者的问题 …… (138)
　　第三节　不平等的关怀自身 …… (142)
　　第四节　福柯之后的思想延续 …… (144)

结语 …… (147)

参考文献 …… (149)

Abstract …… (162)

第一章 福柯思想概述

第一节 关于福柯

1926年10月26日,米歇尔·福柯(Michel Foucault)出生于法国卢瓦尔地区(Pays de la Loire)的普瓦捷(Poitiers)。普瓦捷原本属于维希法国政府,在第二次世界大战期间被德国占领。福柯在家乡完成了小学和中学教育,并于1945年离开家乡,前往巴黎参加法国高等师范学院(École Normale Supérieure)的入学考试,并于1946年进入该学院攻读哲学,从此迈向通往学术生涯的道路。

福柯就读于高等师范学校的时候,黑格尔(G. W. F. Hegel)、胡塞尔(Edmund Husserl)、海德格尔(Martin Heidegger)和尼采(Friedrich Nietzsche)等德国现代思想家正对整个法国思想界产生着重要的影响。福柯的导师之一,让·依波利特(Jean Hyppolite),即是一位以研究黑格尔及其他德国哲学家而闻名的学者,同时也是一名培养出许多优秀法国战后思想家的教育者。法国现象学学者梅洛-庞蒂(Maurice Merleau-Ponty)也于此时期在学院开设有关存在主义和现象学的课程。另外,此时的萨特(Jean-Paul Sartre)在法国年轻学生群体中已享有盛名,在他的影响下,哲学迅速取代此前文学在高等师范学院的至高地位,成为学生们积极选择的热门学科之一。在高等师范学校学习的阶段,福柯完成了扎实的哲学思想研究的训练和积累。在高等师范学校学习的后期,福柯还结识了专注认识论与科学哲学研究的法国哲学家兼医师乔治·康吉莱姆（Georges Canguilhem）。康吉莱姆为福柯的博士论文《疯癫与非理性：古典时期的疯癫史》（*Histoire de la folie à l'âge classique*）提供了重要支持，并在20世纪后半叶受到一代知识分子的爱戴，其中包括福柯、德里达、阿尔都塞以及拉康。1948年，法国哲学家路易斯·阿尔都塞（Louis Althusser）加入学院的导师团队，引导福柯等年轻学子接触到马克思主义思想，并鼓励他们加入法国共产党（Parti Communiste Français）。

福柯在高等师范学校就读期间，逐渐对心理学和精神病学产生了浓厚的兴趣。他不但接受良好的哲学教育，对心理学和精神分析学也进行了系统深入的学习，还参加了这门学科的一些临床实践。福柯曾主动到巴黎大学聆听丹尼尔·拉加什（Daniel Lagache）的课程，并分别于1949年和1952年从心理学研究所（现为巴黎第五大学的心理学院，Institut de psychologie de l'Université Paris Descartes）获得心理学学士学位和精神病学学士学位。在此时期，福柯与瑞士精神病学家路德维希·宾斯万格（Ludwig Binswanger）等学者进行了接触，并与他人合作，翻译了宾斯万格的《梦与存在》（*Dream and Existence*）。

从高等师范学校毕业之后，福柯先是留校任教了一段时间，随后他发现对教书并没有什么兴趣，因此辞职后他选择离开了法国。1955年8月，在法国神话学学者乔治·杜美兹（Georges Dumézil）的推荐下，福柯被瑞典乌普萨拉大学（Uppsala Universitet）聘任为法语老师，并与此时期开始着手准备写作他的博士学位论文。1958年，福柯提出辞职并决定返回巴黎，随后再次在杜美兹的推荐下，被法国外交部任命为华沙大学（Uniwersytet Warszawski）的法国文化中心主任。离开波兰后，福柯转道德国汉堡，成为当地法国研究院（Institut français Hamburg）的负责人。1960年，福柯完成了博士学位论文《疯癫与非理性：古典时期的疯癫史》（Folie et déraison：Histoire de la folie à l'âge classique)。

在博士学位论文答辩以前，克莱蒙费朗大学（Université de Clermont-Ferrand）的哲学系主任于尔斯·维也曼（Jules Vuillemin）就已十分欣赏福柯的学术才华，随即致函此时还远在德国汉堡的福柯，希望聘他为文学院教授。因此，福柯于1960年10月接受了邀请并成为学院代理教授，两年后升任为哲学系的正教授。正是在克莱蒙费朗时期，福柯遇见了丹尼尔·德菲（Daniel Defert）。1966年，伽利玛出版社（Gallimard）出版了《词与物》（Les Mots et les choses），福柯通过这部作品讨论人如何成为知识的对象。书中提出，所有的历史时期都有一些基本的真理条件，由此构成可接受的科学话语。福柯认为，这些话语条件随着时间的推移而发生变化，从一个时期的认识论过渡到另一个阶段的知识型（episteme）。

1966年秋季，福柯接受了突尼斯大学（University of Tunis）的哲学教授聘请，前往任职并讲授心理学。从1967年起，突尼斯爆发了一系列激烈的学生运动，福柯在运动中为左翼学生提供了支持与保护。在突尼斯期间，福柯受到超现实主义艺术家马格利特（René Magritte）的影响，着手写作一部关于印象主义画家马奈（Eduard Manet）的书稿。

1968年，福柯返回巴黎。在五月运动之后，法国掀起一片创新激情，新上任的教育部部长艾德加·富尔（Edgar Faure）计划在巴黎市郊实验性地创立一所自治自律的新型大学，即万森纳实验中心（Centre Expérimental de Vincennes），现为巴黎第八大学（Université Paris Ⅷ, Vincennes-Saint-Denis）。与其他传统的大学不同，这所运动之后产生的大学被赋予了更多的民主精神与自由，师生们被鼓励去进行多样性的大学教育体制的改革实验。1969年，万森纳实验中心成立，福柯被任命为哲学系主任，并启用了许多年轻的左派知识分子。当时哲学系的大部分课程都是以马克思列宁主义为导向的，尽管福柯本人曾在学院开设与尼采相关的课程，譬如"形而上学的终结"(The end of Metaphysics)和"性的话语"(The Discourse of Sexuality)等,但右派的新闻界仍激烈批评这座新成立的教育机构,后来上任的教育部部长甚至拒绝国家认可该学院的学位,福柯等人公开反驳,这使得学院陷入冲突,福柯的哲学系也在极左派的社会活动中受到波及。

1969年9月,福柯通过了被法国教育界称为"圣殿中的圣殿"的法兰西学院(Collège de France)的选举,成为该学院思想体系历史(history of systems of thought)的教授。1972年年底,福柯走上讲坛发表了首次演讲,随后被整理以《论述的秩序》(L'ordre du discours)出版。从此,福柯更加积极地致力于各种社会运动,他帮助建立了"监狱信息组"(Prison Information Group,PIG),并为被关押人员提供声明要求的路径。不仅如此,他还在维护移民和难民权益的请愿书上签名;与萨特一起出席声援监狱暴动犯人的抗议游行;冒着危险前往西班牙,抗议独裁者佛朗哥对政治犯的死刑判决。[1] 所有这一切,都促使福柯更加冷静地思考权力的深层结构。在对刑事制度进入深入研究之后,福柯在1975年出版了《规训与惩罚:监狱的诞生》(Surveiller et punir: Naissance de la prison)。在书中,福柯提出了一种西欧体系的历史,并深入研究欧洲和美国从18世纪末开始的从体罚和死刑到监狱制度的刑罚变革。

在法兰西学院的工作使得福柯能够有机会在世界多个国家和地区旅行并发表演讲,包括巴西、日本、加拿大和美国。在1970年和1972年,福柯曾担任纽约布法罗大学(University of Buffalo)的法文系教授。1976年,伽利玛出版社推出了《性史》(Histoire de la sexualité)的第一卷,即《认知的意愿》(la volonté de savoir)。在书中,福柯围绕权力观念展开论述,对"压抑假说"(repressive hypothesis)提出质疑,并拒绝马克思主义以及弗洛伊德理论。根据

---

[1] 陈金全:《后现代法学的批判价值与局限》,《现代法学》2005年第2期。

福柯对这套作品的原初设计,《性史》将分别由《认知的意志》《肉体与身体》《儿童的十字军东征》《女人、母亲和癔病患者》《反常者》和《人口与种族》六卷共同构成,但是由于各种原因,他未能完成原本的计划。

1980年,福柯成为加州大学(University of California)伯克莱学院的客座教授,并且为伯克莱学院、纽约大学(New York University)的人文学院以及威尔蒙大学(University of Vermont)开设主体性与真理(Subjectivity and truth)等课程,受到热烈欢迎。福柯晚年经常往返于美国,不幸在旧金山参加同性恋社群活动时染上艾滋病。1983年,疾病在福柯身上发作了。为了不影响《性史》的写作,主治医师只是将福柯的身体情况告知了秘书,但是福柯自己也通过种种病发症状,意识到自身健康出现了严重问题。由于健康状况的持续恶化,福柯将一些演讲提前举行,并加快了《性史》的写作进度。

《性史》是福柯在此前的《知识考古学》和《规训与惩罚》等作品的研究基础上,通过关注"性"这一现象而展开的研究,呈现"性"在西方文化中的被动构成谱系。作品的轴心并不在于通过反对性的"压抑"从而解放它,而在于指出性生活是如何引起希望了解有关性的一系列意愿,即所谓"性的科学"(science de la sexualité),这种科学又开启了社会性的性生活管理,因此与我们自身的生存状态息息相关。在公开发表了《性史》的第二卷《快感的享用》(l'usage des plaisirs)和第三卷《关怀自身》(Le souci de soi)之后,福柯在写作第四卷的过程中,由于病情的恶化终于倒下了。在医院的最后日子里,德菲尔曾对福柯说,"如果你得的是艾滋病,那么你最后的著作就和《恶之花》(Les Fleurs du Mal)一样了。"福柯则笑着回应,"为什么不呢?"

福柯对于当代学术思想界的重要贡献,不仅在于其在哲学活动中表现出的深刻与独特性,以及通过创造性的反思角度拓展出的新兴思想领域，譬如疯癫、医学、刑法与性等，更在于他从自身出发，关怀整个人类所处境遇的情怀与勇气。从整体上而言，福柯是当代思想界中的一位非历史的历史学家，一位反人本主义的人文科学家，一位反结构主义的结构主义者。①

第二节　思想渊源

福柯曾经受到过不同文化及领域内的思想熏陶，如果从整体进行把握，那么这些影响主要表现在三个方面，即德国哲学、法国哲学以及法国文学。

一　德国哲学

从思想的成型轨迹来看，福柯首先接触到的是黑格尔，然后受到了马克思主义的影响，继而开始对海德格尔产生了浓厚的兴趣，最终通过对海德格尔的研究与分析，找到了尼采。福柯也多次承认，德国哲学家的理论对于他自身思想的形成给予了重要的启示；也正是尼采与海德格尔的思想碰撞，为福柯擦出通往当代思想世界的火花。

20世纪50年代，福柯曾经大量阅读海德格尔的作品，尤其是海德格尔对以萨特为代表的西方现代人本主义的深刻批判，这对他的思想道路产生了冲击。1938年，海德格尔在弗莱堡发表著名演讲《世界图像的时代》（Die Zeit des Weltbildes），这对福柯写作《词与物》产生了重要影响。在这次演讲中，海德格尔着重讨论了西方社会中人本主义的起因。他认为，从形而上学的角度出发，存在者是通过表象实现对象化的，即存在者被规定为表象的对象化，真理则被规定为表象的确定性。在福柯其后所著的《词与物》中，

---

① 张艳玲：《解读福柯：从"知识考古学"到"系谱学"》，《河北师范大学学报》（哲学社会科学版）2004年第6期。

他对人类学的规定与看法与海德格尔基本一致。福柯在作品中还采用了海德格尔曾使用过的一些词语，比如"语言的返回""有限性分析""我思与非思"以及"同一与差异"等。①福柯与海德格尔一样，两人都没有将人类学作为严格意义上的某种学科来看待，而是将其视为一种"把人作为出发点和目的"从而试图对人给出某种哲学解释的态度。

在海德格尔那里，人与世界的关系是一种"此消彼长"的关系，而福柯在《词与物》中的主要任务，则在于探寻人类设立主体与客体的各种方式的发展历史。从两者对人类学的批判而言，海德格尔是从存在论的角度出发进行人类学探析的，并通过梳理"存在被遗忘的历史"，进而追问存在的意义；福柯则是从经验科学的层面发出反思，即通过考察主体是如何进入真理游戏的过程，探寻"他者"被遗忘的历史过程。福柯后来也评论自己"对海德格尔了解得不够"，而对海德格尔的理解深度远不及后来对尼采思想的研究。但是，正由于对海德格尔哲学及美学思想的探索，才激起了福柯此后不懈研究的兴趣。

尼采具有颠覆性的哲学影响了福柯一生。福柯在接受采访时开诚布公地说，"简单地说，我是一个尼采主义者。借助于尼采著作，我试着尽最大可能在许多方面看看在这个或那个领域能够做些什么。"②"当时，尼采是一个启示。我是满怀激情地读他的书，并改变了我的生活。……我有一种不能自拔的感觉。由于读了尼采的著作，我完全变了一个人。"③福柯还曾提道："我只不过是个尼采哲学的信徒，我在可能的范围内借助尼采的著作，而且也借助反对尼采哲学的论点，试图就若干问题进行探讨。"④

---

① 莫伟民：《福柯思想渊源梳理》，《云南大学学报》2005年第5期。
② 刘北成：《福柯思想肖像》，北京师范大学出版社1995年版，第8页。
③ 同上书，第47页。
④ ［法］福柯：《福柯集》，杜小真编选，上海远东出版社1998年版，第523页。

在 1953 年的度假期间，福柯阅读了尼采《不合时宜的思考》（*Unzeitgemabe Betrachtungen*）的法德对照本，该作品主要探讨"人怎样成为他自己"的问题，书中批判了西方传统的形而上学历史观。尼采的这部著作给了福柯极大的启发，并且导致福柯同现实生活的决裂，最终促使他开始对原以为毋庸置疑且熟知的一切进行重新思考与批判。因此，正是由于对尼采的阅读，福柯找到了自身思考的主题，"在伟大的尼采式研究的阳光照耀下"①，确定了研究西方社会思想史的突破口。

福柯将尼采看作与黑格尔的辩证法以及与康德的人类学进行抗争的强有力的思想指导。在《词与物》一书中，福柯就采用大量的尼采式思想，分析并批判自康德以来的西方人类学主义。福柯对尼采充满了敬意："既作为界限又作为任务的尼采，标志着一个开端，当代哲学从这个开端出发就能重新开始思考。无疑，尼采将长期在当代哲学的发展中凸显出来。"②

福柯的思想起点与尼采于 1872 年出版的作品《悲剧的诞生：源于音乐的灵魂》（*Die Geburt der Tragödie aus dem Geiste der Musik*）有着相当密切的关联。在《悲剧的诞生》中，尼采认为，正是由于受到自苏格拉底以来的充满伦理教育性及哲学理性化思想的影响，希腊的悲剧眼光逐步走向消逝。尼采认为，笛卡尔禁闭了疯癫，与此类似，福柯在其《疯癫与非理性：古典时代的疯癫史》中提出，自笛卡尔以来，有关癫狂的悲剧作品就受到古典时代理性主义的排斥，因此遭到无情放逐。福柯思想的起点是我思（cogito）与癫狂（folie），而对于西方传统社会中理性与非理性的关系梳理，则成为其思考的首要任务。

---

① Michel Foucault, *Folie et déraison. Histoire de la folie àl'age classique*, Paris: Plon, 1961, preface.

② Michel Foucault, *Les Mots et les Choses. Une archéologie des sciences hmaines*, Paris: éditions Gallimard, 1966, p. 353.

福柯的知识考古学理论奠基于对权力的考察，其围绕权力展开的讨论，明显受到尼采的谱系学影响。福柯在《疯癫与非理性》的前言中表示，这是他在"伟大的尼采式探索的精神下"进行的一系列"文化边界"研究的第一项工作。在《性史》中，福柯曾对权力提出诠释："我认为，我们必须首先把权力理解为多种多样的力量关系，它们内在于它们运作的领域之中，构成了它们的组织。它们之间永不停止的相互斗争和冲撞改变了它们、增强了它们、颠覆了它们。这些力量关系相互扶持，形成锁链或系统；或者相反，形成了相互隔离的差距和矛盾。它们还具有发挥影响的策略的一般描述或制度结晶。权力可能的条件就是使得权力的运作及其影响成为易于理解的观点，它还允许把权力的机制当作理解社会领域的格式。"① 这种理解明显受到尼采思想的启迪。福柯曾经这样赞叹尼采："无论如何，尼采的横空出世构成了西方思想史上一个类似于诗句中的顿挫，哲学话语的方式随他而改变。从前，这个话语曾是一个匿名的我。这样，《形而上学沉思》就具有了主体特征。然而，读者可以代替笛卡尔。从尼采的立场看，不可能说'我'。由此，尼采就高悬于整个当代西方思想之上。"②

二 法国哲学

从对笛卡尔、康德以及胡塞尔的思想发出辩驳的角度而言，福柯与法国哲学传统之间也同样具有密切联系。从卡瓦耶斯、巴什拉、康吉莱姆、列维－斯特劳斯再到福柯，人们也能从这条脉络当中寻找到法国概念哲学对福柯的思想所产生的影响。③ 法国哲学的首要观点之一，即知识并非产生于某种先验的或已然给定的经验，

---

① ［法］福柯：《性史》，佘碧平译，上海人民出版社2005年版，序言。
② Michel Foucault, "Michel Foucault et Gilles Deleuze veulent rendre à Nietzsche son vrai visage", dans *Dits et écrits*: Vol. Ⅰ, *1954–1969*, Paris: éditions Gallimard, 1994, p.551.
③ 莫伟民：《福柯思想渊源梳理》，《云南大学学报》2005年第5期。

知识自身具有自主性的、动态的、曲折的历史发展进程。通过这样的方式，知识使人的主体首先成为某种运动着的主体，而不是思想或知识的主体。

卡瓦耶斯（Jean Cavaillès）主张，人们应当重视概念的自主运动，而不是强调主客体关系。卡瓦耶斯批判传统形而上学的所谓意识哲学其实是一种先天幻想，并强调要以概念哲学取代这种意识哲学。对此卡瓦耶斯曾说："能提供科学学说的，不是一种意识哲学，而是一种概念哲学。发生的必然性不是活动的必然性，而是辩证法的必然性。"① 不仅如此，他还着重阐释了由数学概念自主生成的运动所创造出的那种不可预知的历史。

与卡瓦耶斯的思想类似，巴什拉（Gaston Bachelard）同样反对某种永恒不变的、传统笛卡尔式的"我思"的主体。他力图调和理性与经验的关系，从而建立一种新的唯理论，并且相信合理性的形式是多种多样的。巴什拉认为，科学从根本上而言，应该是一种关系的学说，科学自身事实上是以间断性的方式在不断产生、发展、变化的。因此，他提出一种"非笛卡尔主义的科学认识论"，即人们的认识与行动规则都应当建立在相互思考的基础之上，也就是说，认识论应该以实践过程中的唯理论作为基础。

康吉莱姆也不同意将科学理论看作是某种现象学。同样地，康吉莱姆亦认为科学是一种自主的发展，而科学对象产生于科学本身的内在运动，因此不应当看作是主体的产物或意识的对象。从方法论的角度来看，康吉莱姆所使用的方法是"科学与认识论联手，加上'断裂式'的分析所组成的方程式"②。从整体而言，康吉莱姆对与当代哲学与科学史的重要贡献，在于其对传统的人类科学的认识论与方法论进行了历史性的审查与批判。

---

① Jean Cavaillès, *la Logique et la théorie de la science*, Paris: PUF, 1947, p.78.
② Michel Foucault, *The History of Sexuality*, Vol. 1, *The Will to Knowledge*, translated by Robert Hurley, London: Penguin, 1998, p.473.

在为康吉莱姆《正常与病理》（*The Normal and the Pathological*）英文版所做的序言中，福柯对法国概念哲学和意识哲学发表了相关评论。他认为，卡瓦耶斯、巴什拉和康吉莱姆等人代表着一种有关知识、合理性和概念的哲学，而胡塞尔、萨特和梅洛-庞蒂则代表着一种有关经验、意义和主体的哲学。① 卡瓦耶斯、巴什拉或康吉莱姆等人的作品之所以能充当哲学创作的重要源泉，就是因为他们从不同侧面涉及对当代哲学具有根本意义的启蒙问题。②

福柯一生都在对自笛卡尔以来的西方思想文化建起的某种稳定结构的中心发起挑战。福柯提出了"主体的爆裂"和"主体的消解"等概念，并且深刻地讨论"人之死"，这都可看作是福柯对卡瓦耶斯提出的概念哲学问题的回应。不仅如此，福柯还集成了康吉莱姆思想体系中的核心要点进行反思，譬如不连续、真实叙述的历史、病理学以及生命的概念等，这些关键词亦贯穿了福柯进行思考与研究的整个科学史。

三 法国文学

除了法国概念哲学，法国文学与福柯之间也有着紧密关联。事实上，除了哲学著作，福柯也曾大量发表以文学为主题的作品，并且活跃在法国文坛。1963年，福柯参考法国现代文学史上的怪才之一雷蒙德·鲁塞尔（Raymond Roussel）的文本，进行理论批评与心理学的分析，出版了《死亡与迷宫：雷蒙德·鲁塞尔的世界》（*Death and the labyrinth: the world of Raymond Roussel*），并于1986年被翻译成英文作品。福柯评价它是"迄今为止我写过的最容易、最快乐和最快速的书"③。因此，20世纪60年代也被称为是福柯的

---

① 莫伟民：《福柯思想渊源梳理》，《云南大学学报》2005年第5期。
② Michel Foucault, "La vie: l'expérience et la science", *dans Dits et écrits: Vol. IV, 1980–1988*, Paris: éditions Gallimard, 1994, pp. 764–767.
③ Michel Foucault, "An Interview with Michel Foucault by Charles Ruas", *Death and the labyrinth: the world of Raymond Roussel*, London New York: Continuum, p. 186.

"文学时期"。这也印证了近现代文学,尤其是法国文学对福柯所产生的影响。

从 17 世纪开始,西方的文学作品出现了许多以往被排斥在传统文化体系之外的"反常"的东西,譬如癫狂、色情、反常的性等。福柯对文学的兴趣,与其对被设立为对立面进行消灭或规训的"非理性"现象所产生的兴趣密不可分。福柯之所以对荷尔德林、萨德、马拉美以及雷蒙德·鲁塞尔等人的思想保持高度的注意力,正是因为,这些禁忌打破者们将那曾长期被遗弃在阴暗边缘的癫狂世界中的景象,在他们的文学作品中向世人重新敞开。

福柯极力推崇萨德(Donatien Alphonse François de Sade)的文学作品,并称其在某种意义上就是现代文学的奠基者之一。由于 17 世纪的法国社会针对疯癫等"非正常行为"形成了强力排斥体系,这就与萨德自身所谓"非正常"的性选择之间形成强烈反差,促成他写出强烈、奇特的文学作品。在《爱之罪》中,萨德猛烈地反对一切,而这态度本身亦是一种语言,让读者感受到了作品的非凡力量。

法国现代作家布朗肖(Maurice Blanchot)偏好尼采、海德格尔、巴塔耶、马拉美、萨德、博尔赫斯等人的作品,这些都与福柯的爱好相似。福柯曾经承认,正是布朗肖引导他去阅读巴塔耶,然后通过巴塔耶的作品,最终认识到了尼采的思想魅力。布朗肖继承并延续了象征主义诗人马拉美(Stéphane Mallarmé)的反现实主义的语言,这是一种与日常经验相区分的文学语言概念。马拉美在《诗的危机》(*crise de vers*)中提出,"当我说'一朵花'时,我的声音悬隔了所有花的形式,而一种异于一切寻常花束的东西升起了,一种音乐般的、理念的、轻柔的东西,这是一朵在所有花萼中都寻找不到的花。"① 正是从这种企图洞穿宇宙奥秘法则的言说过

---

① Stéphane Mallarmé, *Crise de vers*, *la musique et les lettres*, Paris: Ivrea, 1999. "Je dis: une fleur! et, hors de l'oubli où ma voix relègue aucun contour, en tant que quelque chose d'autre que les calices sus, musicalement se lève, idée même et suave, l'absente de tous bouquets."

程中，布朗肖获得了自己语言观的灵感。

另外，布朗肖就哲学家所关注的死亡问题也与海德格尔进行了对话，并且阐述了他对于文学和死亡的观点。与海德格尔不同，布朗肖拒绝承认个体对死亡的经验，并因此也消灭了人对于死亡做出回应的可能性。事实上，他在对话中拒绝的是一种个体"本体"参与和理解死亡的可能性。布朗肖认为，凡是表现谵妄、梦幻、癫狂、扭曲的反常态的美，以及走向死亡的心路历程的作品，都在传达一种特殊的智慧。① 福柯认同布朗肖对语言与死亡的理解，并提出，死亡就是语言中最基本的事情之一，也就是语言的界限和中心。

巴塔耶（Georges Bataille）被誉为"后现代的思想策源地之一"，哈贝马斯在《现代性的哲学话语》中就认为，巴塔耶与海德格尔是尼采最重要的继承者。巴塔耶的作品显现出他对尼采和柯耶夫（Alexandre Kojeve）思想的传承，而福柯对各种现象进行观察与剖析的方式，显然也受到巴塔耶的启发。另外，福柯重新诠释的现代性概念，即理性在与之相异的对手之间进行的动态博弈，亦表现出科耶夫的思想特征。巴塔耶将尼采的思想作为与以黑格尔为代表的西方传统文化相抗争的手段，他推崇尼采笔下放纵、陶醉、充满幻想和癫狂的酒神精神，也崇拜萨德那种放荡不羁以及对色情和死亡的追逐。巴塔耶还奇特地颠倒了性和死的次序：死和性，这种对立的体验形式，以彼此越界的方式成为一个巨大的纠缠不休的连续体，它们以相互撕裂的方式得以整合。② 巴塔耶通过色情体验消解了性欲主体，在他的作品中出现的语言，甚至完全不受主体的控制。哲学主体在巴耶塔那里消失了。福柯认为，主体的消亡正是当代西方思想体系最基本的结构之一。

---

① 莫伟民：《福柯思想渊源梳理》，《云南大学学报》2005 年第 5 期。
② 汪民安：《色情、耗费与普遍经济：乔治·巴塔耶文选》，吉林人民出版社 2011 年版，序言。

在福柯那里，法国象征主义诗人马拉美（Stephane Mallarme）应被奉为法国文学史上的里程碑。马拉美在大量诗歌作品中，对语言进行了激进反思，福柯甚至在马拉美那里看到了"人之死"的预示。对马拉美来说，语言具有至高无上的自主性。不是人在说，而是言词自身在说，在其孤独中，在其脆弱的摇摆中，在其虚无中；词本身在说，不是词的意义，而是其谜一般的、晃动的存在在说；词语在自主地行动、表达和说话，写作是在设定一个空间，人在这个空间中不断地消失。① 在福柯那里，言说的主体与语言之间的关系正是马拉美在作品中着力凸显的核心体验。在《词与物》一书中，福柯赞誉马拉美为当时的法国文坛贡献了一种全新的文学批评维度。不仅如此，福柯更多次使用"自马拉美以来"的表述方式，强调马拉美在法国文学史上划时代的标志性地位。

综上所述，福柯独特的思想道路与他受到的多种思想影响是不可分割的，其中不仅有海德格尔和尼采的德国哲学，还有卡瓦耶斯、巴什拉、康吉莱姆等法国概念哲学领域的现代思想，以及布朗肖、马拉美和巴塔耶等人在法国现代文坛中呈现出的观念。他们对福柯思想体系的构建发挥着重要的作用，而他们的思想亦透过福柯的作品，成为通往法国后现代思想的必经之途。

第三节　围绕主体的主题

在当代，福柯关于权力和话语的分析激起了许多讨论，人们相信这种分析模式能够揭示并质疑知识在相关领域的合法性过程，而这种对权力结构的批判，则能够帮助人们开展反对不平等的斗争。福柯后来解释说，他的工作并不是将权力当作一种现象进行分析，而是试图刻画当代社会用不同的方式来使用权力造就的"客体化的

---

① 汪民安：《论福柯的"人之死"》，《天津社会科学》2003年第5期。

主体"(objectivise subjects)。这一过程具有三种广泛的形式：第一种涉及科学权威，对人类的知识进行分类和"排序"；第二种形式体现在对人类主体进行分类和"正常化"的过程中，譬如对疯狂、疾病、身体特征的识别等；第三种则是通过不断重复塑造个体的性身份以及训练自己的身体参与日常行为的方式，最终在特定的社会中演化为某些模式。①

如果对福柯的整体思想脉络进行把握，那么他最主要的研究主题就是关于"主体"的思考。在福柯那里，主体的问题总是与权力、知识和真理等社会概念联系紧密，因此，福柯在著作中不仅通过对历史谱系进行编纂考察，也通过对以往理论的合理性进行详细审查，从而分析权力的内涵和外延、权力与知识的关系，以及此关系在不同历史环境中的具体表现，最终导向关怀自身的生存美学目标。

从作品形成的顺序及线索来看，福柯思想脉络的发展显得相当复杂，他感兴趣的研究方向几乎涵盖了西方社会的根源性领域，同时亦跨越了许多常规的学科界限。不仅如此，福柯表现出的生活态度也使他拒绝让思想被维系于某种固定不变的方向，也不允许自己陷入被外界因素限定的框架中。福柯对研究对象和领域进行考察的方式，与当代传统学科的分类方式有所不同，并且在对历史的细节把握方面，亦体现出其独到的眼光以及创造性的思维模式。

福柯曾经一再对公众表明自己从事思想和选择研究对象的变动性，体现出其追求不断创新的实践态度。福柯着手写作一部作品的时候，他并不提前设定书中最终的思想状态，甚至连写作的方法也是不确定和不可预知的。福柯指出："我完全意识到，不论在我所感兴趣的事物方面，还是在我所思考的问题方面，我都始终在变动着。我从来都没有思考过同一个事物，主要原因是我把我的书，当

---

① Michel Foucault, *The Subject and Power*, Chicago: University of Chicago Press, 1982, preface.

成我的尽可能完满的经验。一种经验，就是指某种有关人从其自身中走脱出来而发生变化的事物。假如我是在我开始着手写以前，就应该写一部表达我所思考过的问题的一本书，那么，我就永远都没有勇气来完成。我之所以要写一本书，只是因为我还不能准确地知道该如何思考我所意欲如此思考的事物。因此，我所写的书改变着我，也改变着我所思考的东西。每本书都改变着我在完成前一本书时所思考过的东西。我是一位实验者，而不是一位理论家（je suis un expérimentateur et non pas un théoricien）。我所说的理论家，是指那些或者透过演绎，或者透过分析的途径而建构一个一般体系的人，而且，他们往往对于不同的领域都始终采用同一种方式。我的情况不是这样。我是一位实验者，指的是我是为了改变我自己，为了使自己不再像以前那样思考着同一个事物而写作。"① 福柯认为，自己写作的作品应该被视为探索性的书（livres d'exploration）和方法性的书（livres de méthode）②。因此，他写作的目的并不是建构一种系统的理论体系，也并非必须遵循某种固定的模式进行表述，而是进行挑战性的探索与批判，用于尝试并开创与传统观念不同的新方法。

在关于"在场存在论"的表述中，当人们提出"我们是谁"（Who are we）和"我们现在的时代是什么"（What is out own era）的问题时，福柯提出了三个相互联系且相互作用的坐标轴心，即真理、权力与伦理。在《疯癫与文明》中，此三个轴心是并存的，但还有些混淆。《临床医学的诞生》和《词与物》研究的是真理轴心，《规训与惩罚》关注的核心问题是权力，《性史》则着重讨论伦理核心。③ 福柯认为，人类自身的历史存在论必须回答一系列开

---

① Michel Foucault. *Dits et écrits*: Vol. Ⅳ, 1980 – 1988, Paris: éditions Gallimard, 1994, pp. 41 – 42.
② Ibid.
③ 刘北成：《福柯思想肖像》，上海人民出版社 2001 年版，第 308 页。

放性的问题。这些问题可以复杂多义,也可以具体限定,取决于人们的选择。但是任何一个关于历史存在论所给出的问题都会涉及这样一些问题,即人们如何将自身建构为知识主体,人们如何被构造成为某种使用权力关系或是屈从于权力关系的主体,人们又是如何被建构为行动的道德主体。①

虽然福柯将自己从事的调查研究命名为"考古学",但是他展开的审美实践研究,却是与多方面的现实紧密关联的。福柯在《快感的享用》中提出,一个标准化的社会(所有人都生活在这个社会中)正是权力技术的历史性产物。人们应当拒绝理想主义的各项规则对于自己的欺骗,譬如对自由、平等、博爱的要求等,也不应该盲目相信法律对人们的保护,法律是作为准则规范来统治人的生活的。因此,并不存在于所谓永恒的"真理",只有永恒的真理借口,这种真理借口的背后是统治、操纵、压迫、支配,最终只是狡诈的利益要求。② 这是因为,正是由于这些法律上的形式,才使那种标准化的"生物权力"(bio-power)成为可接受的东西。③ 福柯对于这种现代生物权力是否定的,他认为,相较于人们所了解的早期的欧洲社会,尤其是那些 17 世纪以前的欧洲社会,人们现在进入了一个倒退的阶段。

福柯的思想常被认为是难以接近的,之所以如此,并不是因为他关于癫狂、死亡、艾滋病和施虐—受虐文化等话题的超前性,恰恰相反,正是由于这些本就根植于人类生存常态中的文化现象一直以来被有意识地遮盖和回避,导致人们在重新面对这些问题时,不得不带着异样的目光。

总体来说,福柯致力于探究西方社会逐步形成的文化条件和组

---

① Michel Foucault, "What is Enlightenment", *the Foucault Reader*, edited by Paul Rabinow, New York: Pantheon, 1985, pp. 48 – 49.
② 汪民安:《后现代性的哲学话语》,《外国文学》2001 年 1 月,第 56 页。
③ Michel Foucault, *The History of Sexuality*, Vol. II, *The Use of Pleasure*, New York: Pantheon Books, 1985, p. 144.

织原则。在各种条件原则中，福柯给予最多思考的是以下三个方面的问题：

第一，人们自身与真理的关系，通过这种关系，人们将自身构成为知识的主体；

第二，人们自身与权力的关系，通过这种关系，人们将自身构成为通过行动影响他人的主体；

第三，人们自身与伦理的关系，通过这种关系，人们将自身构成为道德行动者。

以上三方面可被视为福柯整体思想脉络的三个研究轴心，福柯将它们称为"真理—权力—自我"的三角关系。福柯的全部著作，都可以被视为从这三个角度对西方社会不同阶段的历史条件及组织原则的分析与把握。

一 真理

福柯曾经表示，他的工作正是探讨"真理游戏出现的历史"。所谓的"真理体制"或"真理游戏"，是指在特定的某段历史时期内，社会中存在的一些基本条件。这些条件主要用于区分哪些现象可以看作是知识对象，哪些知识可以看作是真理。除此之外，福柯还致力于研究社会如何在将知识（尤其是特定类型的知识）构成真理的过程中，需要完成的各种实践过程。福柯在研究中采用的考古学方式，正是对以上知识条件的历史性分析。

福柯的考古学研究的对象主要是"问题"的历史。首先，提出特定类型的问题，继而由社会讨论并接受这些问题的合法性，一种知识最终才可以成为可能。正是这些问题构成了一个社会特有的"问题域"。通过考古学的研究视角福柯尝试揭示出的是，人们所处的这种知识的社会在历史中逐渐形成或者产生改变的微观原因，以及这些进程中主客体之间的关系。针对这些问题，福柯进行了大量的资料研究，以阐释形成这些关系改变所需的各种条件，最终推导出人类社会的运作模式同社会的"真理体制"发生关联的具体方式。因此，福柯的考古学分析，相较于传统的知识社会学以及意识形态分析，能够更加深入和真实地揭示出社会的运行机制，以及知识或"真理"的构成关系。

此外，这种考古学还致力于分析形成"真理体制"的各种条件，尤其是研究主体的条件。福柯在历史的事件中，捕捉主体成为某种类型知识的合法主体的条件和过程，即一种"主体化"的方式。然后，福柯进一步探讨客体的条件，讨论在何种条件下，某种现象才会成为知识的对象。这两个条件是相互关联的，二者相互作用并且得到各自的发展，最终形成"真理体制"的基本框架。因此，福柯探讨的正是真理体制出现的历史，尤其关注它的制度化和转型的过程。

因此，与之相匹配的关于真理体制的考古学研究有两种基本方式。一方面，考古学探讨言说、工作和生活的主体是如何出现，继而被规划入社会的知识体系中，并随之具有了科学的地位；另一方面，考古学研究主体如何将自身转换角度，从而将自身构成客体，即主体自身被引导至观察自身和分析自身，从而将自身对待为一种知识的程序。

但是，无论福柯对"真理体制"的分析使用何种方式，都并非为了证明某种真理体制的正确性或者错误，也不是为了判定它是否具有合法性。福柯的主要目的还是向人们揭示这些"真理体制"在历史的洪流中得以建立起自身的各种社会条件，以及真理游戏的种种实践过程。福柯通过考古学的研究和解释，使现代人能够更加清晰地看到"真理体制"和"真理游戏"的本来面目，从而使人们能以一种评判的态度对待社会文化中出现的真理和知识。除此之外，对福柯而言，"真理"，事实上，更应该说是在某种特定历史环境中被当作真理对待的各种东西，其实代表的是运用权力的结果，而人亦不过是使用权力的工具。

福柯在《癫狂与文明》和《临床医学的诞生》中，通过梳理精神病学和临床医学等知识体系的发展过程，剖析它们与各种社会机构、组织、实践之间的密切关系，进而探讨相关思想体系的历史。在此阶段中，"排斥""划分""禁闭"是不断出现的主题，知识问题占据中心位置，权力与主体的问题也在此出现。

克罗齐（Benedetto Croce）认为，"一切历史都是当代史"。从某种角度看来，福柯的史学研究与一般的线性历史研究有所不同。在福柯那里，任何一个文明社会都会通过知识、权力与伦理的复杂网络建立起各种排斥机制。西方现代文化就是以"西方理性主义"为标志，通过划定各种反常现象，并使用权力手段进行惩罚、规训，"使之正常化"来维护社会主流价值观和社会秩序。

在近代以来的西方社会中，疯癫和非理性正是理性排斥的对象。早在中世纪，西方社会的排斥对象曾是麻风病人。从近代开始，疯癫者开始接替麻风病人的角色，他们不得不接受各种显性以及隐形规训技术的规范改造，进一步确立了理性至高无上的地位。从这个意义上来看，理性无非也是一种机制。从这个角度来看，今天的现代社会与以往的社会相比，或许并没有什么进步可言，只不过转换了理性的压迫形式。

1963年，福柯发表了《诊疗所的诞生：医疗望诊的考古学》（*Naissance de la clinique-une archéologie du regard médical*），这部作品延续了此前他在《疯癫与文明》中采取的研究方法，概括了医学尤其是世纪之交从分类医学开始过渡的临床医学和医院的发展。这种发展通常被说成是科学战胜宗教的进步，即"医学科学现在终于发现了客观真理"。福柯认为，这种发展其实是话语的变化，背后体现了认识论的变化以及权力干预的结果。随着历史的不断洗刷，死亡过程最终转化为一种特殊的生命过程，先于病人的实际死亡而存在，在死亡瞬间之后依然存在。由此，死亡提供了认识疾病和生命的最佳角度。"生命知识在生命的毁灭和它的对立极端发现了自己的起源。正是在死亡之时，疾病和生命说出了它们的真理。"① 而在《疯癫与文明》一书的结尾，福柯提出："正是通过把死亡整合进医学思想，才产生了作为关于个人的科学之医学，即临床医学。"② 事实上，《临床医学的诞生》与《疯癫与文明》提出的批判观点具有相似性，它们都是对西方社会传统默认的那种持续不断的线性进步的历史观提出反向判断。在福柯看来，所谓的"理性进步"，事实上是一种相当模糊的概念，而那些被称为追求真理进步的历史，则应当通过其他方面进行多维度的阐释说明。

1966年，福柯完成了《词与物：人文科学的考古学》（Les Mots et les Choses-une Archéologie des Sciences Humaines）。在书中他考察了西方社会从近代以来的"知识型"（épistème）历史。福柯关注的"知识型"，指的正是社会各个时代的基本文化代码，在社会的每段时期中出现的各种知识。如果从根源上考察，每个时代的社会事实上都被某种特定的知识型所支配。通过对史料的梳理与归类，福柯指出，整个欧洲社会从16世纪发展至今，总共经历了四种知识型，不同时期的知识型之间并不是连续的发展进步，而是呈现出一种断裂式的特征。因此，在《词与物》一书的结语中，福柯指出："正如我们的思想考古学很容易证明的那样，人是一个近期发明。他或许正在接近其终。"③

值得指出的是，在《词与物》中，福柯并未将"人"视为某种自然的事实，而是将之看待为某种历史性的"知识概念"。因此，现代"人"的概念从根本上来说，也不过是人文科学建构起来的某种知识而已。通过研究和分析，福柯指出，传统社会通过历史性思维的固定模式，对人的认识造成了种种束缚，同时亦向人们展

---

① Michel Foucault, *The birth of clinic, an archaeology of Medical Perception*, New York: Pantheon, 1973, pp. 145–198.
② Ibid., p. 198.
③ Michel Foucault, *The Order of Things, An Archaeology of the Human Science*, London: Tavistock Publications, 1970, p. 387.

示出现代社会的人文科学在对人的塑造过程中体现出的非理性一面。由此，福柯最终否定了人的主体性，并对整个传统社会默认的理性提出了质疑与批判。

《词与物》的出版，意味着福柯的思想趋于成熟，它是知识考古学以及权力谱系学形成的重要标志。福柯甚至还写了另外一本书来回答读者对《词与物》的反应。1969 年出版的《知识考古学》（*L'Archéologie du Savoir*）则是福柯对方法论进行的深入讨论，由此进一步体现出福柯的思想轨迹的重要变化。《知识考古学》为读者揭示出这一阶段的福柯与结构主义、解释学和分析哲学在学术思考上的差异，亦为他转向权力的谱系学研究铺平了道路。

二 权力

从 20 世纪 70 年代开始，福柯逐渐跳出过去的"思想体系历史"的研究范畴，开始对权力问题展开分析。这些关于权力的思考与分析并非旨在彻底改变其以往的思路，而是将此前考察的知识与权力问题更明确地结合起来进行考察。福柯在此时研究话语实践与非话语实践之间的关系问题，并且通过独到的角度，对这些不同类型的实践的异质性问题进行了考察。事实上，福柯的历史研究带有强烈的现实性，围绕着一个批判中心，即西方现代文明的理性霸权与权力关系。

1975 年，福柯发表了《规训与惩罚》。在这部作品中，福柯详细地为人们分析了 17 世纪至 18 世纪末期的法国社会存在的各种刑罚制度的变化过程。同时，作品还向人们展示出，在社会现代化前，种种公开的、残酷的统治，通过譬如判处死刑或酷刑等手段，如何渐渐转变为隐藏的心理统治。

《规训与惩罚》奠定了福柯在社会学理论界的地位，他将富于洞察力的历史分析与不断涌现的理论创见完美地结合了起来，并将其应用到对社会中各种权力与知识之间的微型关系的梳理分析。在这种权力的分析中,最能体现其思想特征的是"权力—知识"的概念。过去,西方社会中存在的传统真理和权力的理论都是自成一派,并且真理、知识与权力之间的关系尚未在理论上得到良好的统一。福柯对此问题的判断则与这种传统观念保持对立,他认为,在西方的社会中,权力与知识之间其实存在着异常紧密的联系。真理和知识对于权力其实并非排斥,相反,真理体制在福柯的揭露下,恰恰显现为权力行为的前提条件与产物。

权力并不只是物质上或军事上的强力,当然,这种强力的显现是权力的特征之一。对福柯来说,权力并没有某种固定不变的可以掌握的位置,而是一种贯穿整个社会的"能量流"(power flow)。能够表现出"有知识",是权力的一种来源,因为"有知识的人"可以"权威地"评价和谈论对象,可以"权威地"解释对象为何如此这般。福柯并未将权力看作一种形式,而是将其看作是一种社会性的精密结构,通过制造所谓的真理话语,从而使自身目的成功地施加于社会对象。至于"真理",事实上就是人使用权力的结果,人自身就是权力的工具。

从总体上把握,福柯在该书中主要强调并批判了两个方面。

第一,福柯继续在中期作品中对传统社会认可的"进步"观进行考察与批判。他指出,欧洲社会经历的历史转型,并不是传统认为的那样从非理性到理性,从野蛮到文明的线性的持续进步,而是权力和知识的综合体支配人的方式的不同转变。譬如西方中世纪采取的酷刑制度,事实上就是按照权力—知识的体制实施的惩罚技术。后来的人道主义改革则主张建立一种以刑法威慑犯罪的所谓"惩罚社会",从此监狱逐渐成为社会主要的惩罚和规训的场地与手段。

第二,福柯批判的对象不仅是监狱,还包括整个社会的庞大结构。在福柯那里,规训就是一种技术,它代表一种融合着监视、训练、考评和惩罚的精细干预技术,旨在按照某种特定的规范来规范和改造人。这种技术并没有取代权力,而是在各个方面帮助着权力,让后者逐步深入到社会的每一个层面。通过考察史料,福柯指出,规训技术原本起源于修道院,继而在军队、学术、医院和工厂中发展起来,最终在监狱中登峰造极。由此,各种遍及社会的规训机构才组成了一个庞大的"监狱网络"。福柯认为,现代西方社会就是"规训社会"或"监狱社会"①。

福柯对监狱及诊疗所等社会场所中的权力运作的分析体现出一种态度,即对权力的历史性批判,不应只将注意力放在宏观层面的权力上,而应当充分考虑并观察权力在微观层面的运作方式。福柯的权力分析的重点之一,便是强调从细微之处瞥见事实,从各种细微层面着手,对权力进行全面的剖析。

这种微观权力机制的分析方式的意义主要体现在三个方面。首先,对权力的分析应当注意权力的微观物理机制,也就是福柯一再强调的微观形式的权力。福柯指出,权力正是在各种不同的部分之间不断流动,具有多变的形态,进而能够遍布整个社会的方方面面。其次,在福柯对权力的梳理中同样能够看到,古代的权力运作方式与现代西方社会的权力运作方式是不同的,后者主要通过对各细节方面的管理,从而实现权力的有效运作。最后,福柯的"微观权力"概念与他的"生命权力",将对权力的分析与身体紧密地结合在一起。在福柯的理论中,"身体—权力—知识"构成了三位一体的分析格局,从而动摇了传统权力分析理论中暗含的"身心二元论"的概念,这也正是福柯通过对权力问题的思考与批判而做出的独到贡献。

三 伦理

福柯的晚期作品《性史》的写作一共分为三卷。这套书是福柯

---

① 刘北成:《福柯史学思想简论》,《史学理论研究》1996 年第 2 期。

整体研究的经典,也是其众多作品中对社会造成影响最大的一部。以至于后来的学者高度评价此书,并称为"从任何角度来看都是革命性的工作"。

1976年,福柯出版了《性史》的第一卷,即《认知的意愿》,主要讨论最近的两个世纪以来,性在权力统治中所起的作用。与以弗洛伊德等人为代表的西方传统心理学理论提出的解释不同,福柯对于古代社会中,尤其是以维多利亚时代为典型的社会中,存在的性压抑学说提出了疑问。通过大量的历史资料的梳理分析,福柯得出结论,性在当时正是与权力和话语联系在一起的。在当时的社会中,实际上存在有一系列的机制吸引着人们谈论有关性的话题。因此,事实上性在17世纪的欧洲社会中并没有受到压抑,反而是获得了社会方面的支持。其后,福柯在1984年出版的《性史》的第二卷《快感的享用》和第三卷《自我的关怀》当中,进一步讨论了古希腊社会中人们的性观念,并且将视线转移至对"伦理哲学"的比较与分析。

许多学者认为,福柯在晚年阶段的思想发生了方向上的转变,因为福柯从对"权力—知识"的分析,转而专注于对伦理学的反思。事实上,此时福柯对伦理学的关注,正是对其以往关于真理体制、真理游戏以及权力分析的延展。在《性史》中,人们可以更清晰地找到福柯早前在权力的谱系学研究阶段曾经模糊地批判过的问题。

福柯在《性史》的前言部分讲明,这一系列作品的主要目的,正是在于分析并展示现代的权力通过对话语的管理,达到对社会及个人控制的具体方式。"我是要写一部有关性的话语的考古学。这些话语指明在性这个领域里,我们做什么,我们被迫做什么,人们允许我们做什么,不允许我们做什么。还有,对于性行为,我们被允许说什么,不允许说什么,不得不说什么。这才是关键所在。"[①]

---

① Michel Foucault, *The History of Sexuality*, Vol. Ⅰ, *The Will to Knowledge*, translated by Robert Hurley, London: Penguin, 1998, preface.

福柯在《性史》第一卷的第一部分，即"我们'另一种维多利亚人'"中，首先指出了西方社会在与性相关的问题方面的虚伪性，然后介绍了自己的研究方法与目标。"概括地说，问题的关键在于'论证事实'，在于性得以'用话语表述'的那种方式。因此，我的主要精力也将集中于寻找权力的各种形式，权力作用的渠道；寻找权力为了达到最为模糊、最为独特的行为模式而渗入各种话语之中的途径；寻找权力得以到达几乎难以察觉的欲望形式，揭示权力如何渗透并控制日常生活中的快感——所有这些随之而来的作用都可能成为拒绝、阻碍、无用的作用，但也可能成为诱发、强化的作用。总之，寻找'权力的多面技巧'。最后，我的根本目的将不在于确定这种论证的结果和这些权力的作用是否将引导人们确立有关性的真理，或者相反，导致表达旨在掩盖真相的谬误；而是在于激发'认知的意愿'，使之成为人们的支柱和工具。"①

不仅如此，福柯还进一步批判了当时正在进行中的"性解放"运动的理论基础，即"性压抑"假说，进而对传统意识形态中的"性态本质论"提出了挑战。他指出，性（sex）、性态或性欲（sexuality）都不是自然现象，也并非所谓的生物本能，而是历史文化的产物。福柯在《性史》第一卷的第二章"性反常思想的灌输"中提出，在性的话语泛滥过程中，"通过形形色色的话语，法律对轻度性反常的惩处大幅度增加了。性行为异常归入了精神疾病。从童年时期到老年时期，一个性发展的规范得以界定，所有可能出现的偏差都被小心仔细地加以描述。教育控制和医学治疗也组织起来了。围绕最轻度的异常性行为，道德家们，尤其是医生，玩弄着一整套强有力的憎恶词汇。……简而言之，就是构建一种在经济上有用、在政治上保守的性。"② 因此，近代以来的西方历史并不是通

---

① Michel Foucault, *The History of Sexuality*, Vol. I, *The Will to Knowledge*, translated by Robert Hurley, London: Penguin, 1998, p. 11.
② Ibid., p. 32.

常人们相信的所谓"性压抑"的历史,而是大量制造性话语并呈现出多种性态的历史。

在最后的人生阶段,福柯将注意力放在对上述问题的批判和反抗性策略的研究上,尤其表现在福柯对自我技术的伦理关注中。他将写作看成知识分子进行批判和实施反抗的最重要的手段之一,而研究性写作即是其中一种。基于此,福柯更多地将自己视为试验者而非理论家。写作就是改变自身的一项艺术,这种实验的态度,就是对自己的反抗的开始。

福柯在《性史》中努力描绘和分析的并不是传统编年史形式的性历史。他所要探讨的是,这么多世纪以来,把性与真理的追求联结在一起的线索是什么,人们为什么要到性当中去求得关于自身"真理"的知识。① 然而,从《性史》的第二卷《快乐的享用》与第三卷《自我的关怀》开始,性似乎不再是核心问题,实际上在福柯的研究模式下,性的问题成为其对自我技术和伦理学进行探讨的一个方面。福柯关注的问题发生了重要的变化,而他对理论问题的关注以及对自我技术的探讨,实际上从新的角度对知识、权力与自我之间的关系展开了再次考察,并为人们展示出建立以上三者联系的可能性。

通过对史料的研究,福柯提出,在古希腊和罗马时期,人们更关注的是伦理问题而非其他。在彼时,性的问题并不是像现在这样与一套禁令体制的系统联系在一起。古希腊时代的性,事实上涉及的是一种"生存艺术",而这种"生存艺术"对人们所处的现代社会也同样具有重要意义。但是,从希腊化时代开始,由于各种原因,这种对生活的美学理解转变为一种"自我技术",而这种技术开始专注于如何找出一些"对所有人都普遍有效"的行为方式。伴随着基督教的发展与统治,西方社会出现了与以往截然不同的新道

---

① 李银河:《福柯与性——解读福柯〈性史〉》,山东人民出版社2001年版,第60页。

德体系，这种道德准则最终在社会中取代了过去的自我伦理。此后，希腊的伦理逐步转变为被现代社会普遍接纳的道德。福柯在对现代道德提出批判的同时，开始将目光转向古希腊时期，试图为人们寻求一条可以实现解放的道路，但他并没有盲目崇拜古希腊社会的伦理道德体系。福柯指出，在任何别的社会中，都不可能找到解决现代社会问题的出路，更何况希腊时代的社会自身也存在诸多问题。因此，人们应当从当时社会（尚未形成今天这般复杂精密的微观结构）的生存艺术中寻求灵光，为每一个生存个体形成充满美学意味的生活实践提供参照。

高宣扬在参照福柯生平发表的研究作品的基础上，完成了《福柯的生存美学》一书。作者从福柯晚年提出的"关怀自身""自身的技术"和"生存艺术"出发，继而推导出其思想框架中的核心概念，即生存美学。在这本论著中，高宣扬进一步指出，福柯所提出的生存美学就是其整体思想的精华部分，福柯式生存美学的中心词就是"关怀自身"（le souci de soi）。因此，如果要从整体上把握福柯的思想理论，就必须理解其关于生存美学（l'esthétique de l'existence），尤其是"自身的美学"的内容。这种美学在"现代性"的框架中形成了一种特殊的理论模式。其中，福柯不仅以批判性的观点讨论了康德和波德莱尔的思想，更是提倡人们要将其晚期逐渐形成的生存美学理论朝向古希腊罗马时代的教育修身和美好生活的相关理论回归。

这种生存美学，是他长期进行知识考古学（l'archéologie du savoir）、权力和道德系谱学（la généalogie du pouvoir et de la morale）研究的直接成果，也是他自身生活历程的经验总结与实践智慧（phronesis）的结晶，同时又是他在探索西方思想源头和批判古希腊罗马时代原有生存美学古代版本的基础上，为了彻底摆脱近代西方思想及其社会制度的约束，根据现代生活条件而创造性地设计出来的新型的自由生活方式（une nouvelle manière de vivre）。①

福柯在后期的美学理论中提出，这种与人们自身密切相关的美学思想并不应当被视为某种理论教条，也不应当将其看作一套永恒的知识体系，而是应当将它理解为一种气质或是态度，一种哲学式的生活。"在这种态度、精神气质或哲学生活之中，对我们所是之内涵的批判，同时也是关于强加给我们的界限的历史考察，进而成为逾越这些界限的可能性的实验（experiment de leur franchissement possible）。"②

第四节　影响与评价

福柯对于西方传统社会结构提出的批判与反思，在现代社会的诸多领域中都具有深远影响。福柯不仅对自身所处时代中的既定思想与意识形态发起了挑战，亦对其背后的一整套权力运作的模式投去了审视的目光。在其作品中体现出的激烈思想和批判理论，也激励着无数后来者，在各种政治运动中，乃至在整个西方社会的现代运动中迸发出耀眼的火花。

在哲学领域中，福柯通过其具体的谱系学研究方法，为哲学指明了一种从微观细节到历史整体的新的思考道路。

在历史学领域里，福柯推崇年鉴史学的研究方式，而他的考古学和谱系学研究对年鉴史学本身的发展也起到了重要影响。第三代年鉴史研究者们对心态史和文化史的关注程度和方式发生转向，"不再把历史看作是吞没了许许多多个人的一个统一过程、一篇宏

---

① 高宣扬：《福柯的生存美学》，中国人民大学出版社2005年版。原文为作者所著《福柯的生存美学》一书的一小节。此次作为一篇独立的论文，在同济大学法国思想文化研究中心所举办的《启蒙与当代法国哲学》国际研讨会上宣讲。正式发表以前，作者又对原文作了部分修改和补充。

② Michel Foucault, "What is Enlightenment", *The Foucault Reader*, edited by Paul Rabinow, New York: Pantheon, 1985, p. 50.

伟的叙述,而看作是有着许多个别中心的一股多面体的洪流"①,这明显是受到了福柯的影响。譬如勒华拉杜里(Emmanuel le Roy Ladurie)就舍弃了布罗代尔式的宏观叙述,转而朝向微观史视角的研究。"在无数雷同的雨滴中,一滴水显不出有何特点。然而,假如是出于幸运或是出于科学,这滴特定的水被放在显微镜下观察,如果它不是纯净的,便会出现种种纤毛虫、微生物和细菌,一下子引人入胜起来。"②

在文学批评领域,福柯的思想被评论为"新历史主义"思潮最重要的灵感来源之一,而怀特(Hayden White)等当代学者对历史叙事的分析,也明显地受到了福柯有关话语、作者、权力之论述的影响。他们的学术性论述,同样延续着福柯对传统历史学分析所开辟的批评模式。

在社会学方面,福柯在一定程度上影响并改变了社会理论对权力的基本态度,促使研究学者更加深入地思考权力、知识与自我的关系。在此基础上,福柯亦推动社会分析突破了以往传统的社会学学科限制,使之通过与哲学、历史学等学科的跨界式对话,从而形成一种更有弹性活力的社会分析形式。

在社会实践领域中,福柯的思想也是许多当代社会重要运动的动力源,譬如他的《癫狂与文明》就是革新精神病学的国际运动的策动力之一。尽管不无争议,但福柯的思想确实成了当代女性主义运动的核心观念来源之一。而福柯在启蒙的框架中对主体的重新审查,同样也为现代社会的人们提供了许多警醒与启示,其中包括对自我管理的自律性、多样性以及主动抵抗等概念的重新理解。虽然福柯本人主要关注的仍是西方文化中的问题,甚至被认为是带有浓

---

① [德]伊格尔斯:《20世纪的历史学:从科学的客观性到后现代的挑战》,何兆武译,辽宁教育出版社2003年版,第118页。
② [法]勒华拉杜里:《蒙塔尤:1294—1324年奥克西坦尼的一个小山村》,许明龙、马胜利译,商务印书馆1997年版,第1页。

厚的西方中心主义倾向，但其有关"排斥""紧闭"等策略的论述，直接影响了后殖民主义的思潮。最后，福柯对历史进行的深入剖析，亦为人们思考当今的社会问题，譬如同性恋问题、性问题、移民问题、刑罚和法律问题等，提供了重要的参考与实践指导。

第二章　启蒙与现代性

为了更清晰地勾勒出福柯有关主体的生存美学及其相关问题的轮廓，本书有必要对"启蒙"这一概念就其内涵和外延的差异做出梳理与分析。福柯对此提出的疑问是："从黑格尔到霍克海默或哈贝马斯，中间经过尼采或马克斯·韦伯，很少有哲学不曾直接或间接地碰到这同一个问题，即所谓'启蒙'的事件究竟是什么？"[1] 除了以上提及的思想家之外，柯林伍德（Robin Crearge Collingwood）、布洛克（Alan Bullock）等思想者也都提出过对启蒙的理解和论述。在西方学界众多对启蒙做出专门论述的作品中，当属康德在《什么是启蒙》中以及福柯在前者基础上做所的批判性文章《什么是启蒙》中的两种观念最具有张力，亦最值得加以比较分析。

事实上，早在18世纪的康德哲学之前，西方社会中的启蒙运动便已拉开了帷幕。其中，以洛克（John Locke）为代表的英国学者和法国的理性主义者基于人的自然理性对启蒙做出解释，"蒙"为知识之蒙，意味着知识的缺乏，亦即"无知"。在他们看来，启蒙就意味着开启智慧，接受到知识的传授。休谟（David Hume）等人则认为，从人的趣味和情感出发，启蒙之"蒙"即情感之蒙，也就是趣味的粗鄙和感受的缺乏。总体来说，在启蒙运动的早期，所谓的启蒙，实际上旨在陶冶情操和培养人们更为精致典雅的感受。

---

[1] 《福柯集》，杜小真编选，上海远东出版社2003年版，第528页。

对于这一时期的启蒙现象,康德随后提出了质疑,他认为,这些启蒙思想家们推崇的方式并不能够使人们真切洞察人的本性,即这种初级的启蒙并不能从本质上使人的自由性和主体性得到保障。因此,康德选择对人自身具备的能力进行进一步考察,并从此处开始重新界定启蒙的意义。

第一节　康德论启蒙

在哲学世界中,康德对启蒙的思考分析一直以来都有着巨大吸引力。事实上,康德关于启蒙的论述很多,除了以启蒙为题的专论《什么是启蒙》,在《实用人类学》《纯粹理性批判》《判断力批判》《世界公民观点之下的普遍历史观念》《万物的终结》以及《重提这个问题:我们是在朝着改善前进吗》等作品中,都能够找到康德有关启蒙思想的讨论和阐述。

"启蒙"一词在德文的表达方式为 Aufklärung,英文是 enlightenment,意为澄清或照亮。那么,"启蒙"作为澄清或照亮,其本身就预设了某种"蒙"或"遮蔽"。问题在于,在西方哲学世界中,启蒙开启的是何种意义上的"蒙"或者"无明""遮蔽"呢?

康德认为,启蒙所开启的"蒙",不是表现在欲望能力或感受能力中,而是表现在认识能力中。并且,在认识能力中开启的"蒙",也并不表现在作为低级认识能力的感性中,而是表现在作为高级认识能力的广义知性当中。因此,启蒙之"蒙"就不是情感之蒙,而是认识之蒙。这种认识之蒙,并不是基于直观之上的对象知识之蒙,而是基于思想之上的主体自身思想能力之蒙。[①]

在康德看来,启蒙的"蒙",是人的高级认识能力之一的健全知性在其运用方面的遮蔽。在人的心灵中,健全的高级认识能力包

---

① [德]康德:《判断力批判》上卷,宗白华译,商务印书馆1993年版,第138—139页。

括正确的或健全的知性、熟练的判断力和缜密的理性。① 由此可知，所谓"蒙"，就是对其中正确的或健全的知性加以运用时的"软弱性"②，也就是说，启蒙之"蒙"可以定义为"不经他人引导就没有能力运用自己的知性"③。

如果说康德指出的"蒙"是人在对自身的知性加以运用时，表现出的软弱性，或者是人由于某种缺乏造成的自身主体的未成年状态的话，那么这种"蒙"之"启"就是通过使人克服这种"缺乏"，有勇气走出未成年或受监护状态的过程。因此，正是在此意义层面，康德在这篇文章中提出了那句著名的启蒙定义，即"启蒙就是人走出其自我招致的未成年状态"④。

康德正是从一种现代性的立场出发，对启蒙提出了属于自身所处时代的定义。康德认为，"启蒙运动就是人类脱离自己所加之于自己的不成熟状态"⑤。人在社会中自身被蒙蔽的原因并不是由于自身理性的缺乏，究其根本，这种蒙蔽正是人自身之外的各种因素加于自身的束缚。这种束缚现象，在欧洲中世纪社会中处于主导地位的基督教神学与神权政治的统治下显现得尤为清晰。康德指出，所谓启蒙运动的重点，就是要使人类摆脱他们自己造成的不成熟状态的旋涡中心，这主要就体现在宗教事务方面。"因为我们的统治者在艺术和科学方面并没有向他们的臣民尽监护之责的兴趣；而且这种不成熟状态是最有害又最可耻的。"⑥

1784 年 11 月，康德在德国的《柏林月刊》上发表了《什么是启蒙》（What is Enlightenment/Was ist Aufklärung），这篇长文被视为

---

① ［德］康德：《实用人类学》，邓晓芒译，上海人民出版社 2005 年版，第 86 页。
② 同上书，第 98—99 页。
③ ［德］康德：《历史理性批判文集》，何兆武译，商务印书馆 1996 年版，第 22 页。
④ ［德］康德：《实用人类学》，邓晓芒译，上海人民出版社 2005 年版，第 124 页。
⑤ ［德］康德：《历史理性批判文集》，何兆武译，商务印书馆 1996 年版，第 22 页。
⑥ 同上书，第 27 页。

康德对启蒙运动的经典辩护。作为法国大革命的同情者,康德在文章中对人类理性做出了极高的评价。他认为,每个个体都应该独立地运用自身理性,体现出"勇于求知"的启蒙精神,对一切社会问题予以公开的自由的讨论,启蒙运动就是人类的最终解放时代。

1984年,福柯在前人的基础上,也发表了一篇同名的文章,即《什么是启蒙》(Qu'est-ce les Lumières/What is Enlightenment)。在文中,福柯进一步对启蒙的意义提出了两个方面的强调。"一方面,我曾想着重指出哲学的质疑植根于'启蒙'中,这种哲学的质疑既使得同现实的关系、历史的存在方式成为问题,也使自主的主体自身成为问题。另一方面,我曾想强调,能将我们以这种方式同'启蒙'联系起来的纽带并不是对一些教义的忠诚,而是为永久地激活某种态度,也就是激活哲学的'气质',这种'气质'具有对我们的历史存在作永久批判的特征。"①

在康德看来,启蒙至少部分地标志着个体成熟地运用理智的历史转折点,而这与福柯在《什么是启蒙》的文中诠释相吻合,即人类将"使用自己的理智而不再把自身的主体交付于任何权威"②。对福柯而言,从非历史的(ahistorical)和实践的角度,而非以任何已给定的超验的角度而言,成熟的定义意味着,一切与自身相关的探讨,都首先植根于"自主地使用理性"。

第二节 理性的多样性

当人们将福柯关于理性的理论思考放入康德哲学和启蒙思想的框架内进行考察时,就会发现一些有趣的问题。譬如,福柯在其早期的考古学作品中,对笛卡尔式的理性以及理性排斥自身之外的

---

① 《福柯集》,杜小真编选,上海远东出版社2003年版,第536页。
② Michel Foucault, "What is Enlightenment", *The Foucault Reader*, edited by Paul Rabinow, New York: Pantheon, 1985, p. 38.

"异"进行了历史性批判,而它所反对的,是否与康德所提出的"启蒙"的内在含义相吻合?在福柯早期的系谱学著作中,主体(subject)主要指的是由话语、知识和权力之间各种关系相互作用的产物。此时的主体尚未正式达到"自律"(autonomous)的阶段,因此还无法谈论启蒙的过程。那么,这个主体是如何在忽然之间开始考察自身的限度,甚至开始打量自身周围的世界的呢?

本书提出以上问题是有理由的。因为,从福柯在1966年发表《词与物》开始,他对理性以及那个"能从其他人的统治下解放出来,从而成为成熟的自身的"具有自律性的主体,就发起了进攻。[1] 福柯认为,启蒙的许诺,即通过理性的运作进而实现自由,事实上已经被理性本身的统治推翻,理性已逐渐占领了自由的位置。从这个意义而言,福柯确实对康德式的启蒙以及关于人的观念有过对立态度。

然而,福柯后期的美学思想逐渐朝向启蒙的传统回归。譬如,在如何能更好地理解并实践"关怀自身"的问题上,在如何提高个体在改变自身实践及其历史境遇的可能性上,传统启蒙理念能够提出许多有益的观点。

在《什么是启蒙》中,福柯将康德在18世纪提出的"何为启蒙"的问题,于两个世纪之后重新摆在了人们面前。在对康德文本的解读过程中,福柯着重分析了康德是如何用"Ausgang"来定义启蒙的。在德语中,"Ausgang"的意义是一个"出口"(a way out/an exit)。福柯认为,正是以"出口"定义启蒙开始,现代性主体的概念才得以出现。

康德指出,启蒙具有的这个"出口"的特征,即是指将人们自身从被监护、不成熟的状态中解放出来的过程。此处的被监护和不成熟,乃是一种使人们自身接受其他权威引导的状态。康德认为,

---

[1] Christopher Norris, "What is Enlightenment", *Kant and Foucault*, *Cambridge Companion to Foucault*, edited by Gary Gutting, Cambridge: Cambridge University Press, 2005, p. 166.

人的不成熟是由自己造成的，因为不成熟的原因不是缺乏理智，而是没有决心和勇气使自己能在无人指示的情况下，运用自己的理智。正是在此概念基础上，康德构建出了著名的关于"启蒙"的定义：

> 启蒙运动就是人类脱离自己所加之于自己的不成熟状态。不成熟状态就是不经别人的引导，就对运用自己的理智无能为力。当其原因不在于缺乏理智，而在于不经别人的引导就缺乏勇气与决心去加以运用时，那么这种不成熟状态就是自己所加之于自己的了。Sapere aude! 要有勇气运用你自己的理智! 这就是启蒙运动的口号。①

对于康德来说，只有正确运用理性，个体的自律才能确保被实现。"但我相信，强调这篇文章与他的三大批判之间的联系仍然是必要的。事实上，康德把启蒙描述为人类运用自己的理性而不臣属于任何权威的时刻。就在这个时刻，批判是必要的，因为它的作用是规定理性运用的合法性的条件，目的是决定什么是可知的，什么是必须做的，什么是可以期望的。"② 在这一点上，正如福柯所言，启蒙又是一个批判的时代。

福柯从启蒙思想中抽出"主体的理性自律"（the subject's rational autonomy）的概念，将其放置在关于主体的"关怀自身"的美学理论的核心位置上，并且在以后的作品中一直使用这一概念。与康德一样，福柯也将这个概念与个体的某种判断能力联系在一起，并且这种能力与支配性的信念、标准和欲望相互独立。

---

① ［德］康德：《历史理性批判文集》，何兆武译，商务印书馆1996年版，第22页。

② Michel Foucault, "What is Enlightenment", *The Foucault Reader*, edited by Paul Rabinow, New York: Pantheon, 1985, p. 38.

尽管如此，福柯理解的启蒙仍然与康德提出的启蒙存在着差异。首先，传统康德式的普适价值观与福柯在《什么是启蒙》中表现出的批判观念是不同的，后者更多的是将启蒙思想的任务设定为对于特殊事件的历史性调查。因为，正是由于这些历史事件，才使我们构成对那个思考着、行动着和言语着的主体的认识。

康德将启蒙看成是把不成熟状态加于自身的人类的一个"出口"或"出路"。相比之下，对于福柯来说，所谓"启蒙的过程"只是组成西方理性的众多狡诈的语言秩序中的一个。[①] 因此，福柯的工作并非试图去分析在启蒙的过程中，"理性的基本内核"（the essential kernel of rationality）。相反地，福柯式批判的思考应当是朝向"必然性的当代界限"（contemporary limits of the necessary），即找出现在那些对于作为自主主体的我们的构成而言，不是或不再是不可或缺的东西。[②]

在福柯的启蒙中，主体的理性自律与统一的理性主体并非必定联系在一起。并且，历史中其实存在着多种多样特殊形式的理性。这是因为理性从来就不能掩盖其本性，那就是"这个理性的王国不过是资产阶级的理想化的王国"[③]。

这种理性的多样性，并不意味着人们不能运用自己的理智去批判其他公共的理性行为。福柯提出的"理性的多样性"，并不意味着"什么都行"（anything goes）。这种理性和批判的多样性，指向在形成个体自由的过程中必须经历的历史契机（moment）。但是，这种批判不能根基于传统文化默认的"普适理性"，因为这将会使人们忽略不同个体之间的差别。所以，福柯对启蒙的思考重心，并不在于像在康德的思想中，或是在哈贝马斯的唯智主义交往理论中

---

① Christopher Norris, *What is Enlightenment*, *Kant and Foucault*, *Cambridge Companion to Foucault*, edited by Gary Gutting, Cambridge: Cambridge University Press, 2005, p.168.
② Ibid., p.43.
③ ［德］恩格斯：《反杜林论》，人民出版社2015年版，第16页。

所暗示的那样，保持理性的第一地位，也不是席勒主张的自然之主宰，而是试图以一种批判的、有创造性的方式重现属于人们自身的历史性瞬间。

第三节　启蒙与现代性的关系

从整体上来看，所谓"启蒙时代"也可以被称为是"理性"（reason）的时代。福柯在探讨启蒙的意义时亦明确提出："启蒙时代在我们的历史上，特别是就其政治意义而言，无疑是一段极端重要的历史阶段。"[①]"启蒙"暗含的理性，不但成为西方社会文化的灵魂，也成为衡量和定义西方社会中，人的主体身份（l'identité）的正当性尺度（critère légitime）。

20世纪下半叶，法国经历了一场激烈的当代思想革命运动，福柯正是这个时代的亲历者。从这次运动的创造力与彻底性来看，可以称之为具有"反启蒙"意义的"第二次启蒙"或者"后启蒙"。它不仅是西方人文社会科学领域中一个深刻的理论典范的转换阶段，也是人类历史文化发生转折变化的关键时刻之一。

这场法国当代思想革命创造出的批判性的、反传统性思维的理论，实际上也正是由启蒙运动自身倡导的，并且也正是在启蒙运动得以发展之后，随着时间逐渐堆积起来的理性主义内在危机的直接产物。

不仅如此，以法国哲学思想家为代表的这场"后启蒙"思想革命，就其彻底的反思性以及对启蒙以来的传统社会所造成的颠覆性而言，不仅是对第一次启蒙运动的历史性审视，也是当代社会对整个西方传统文化进行重构的"第二次启蒙"。伽达默尔（Hans-Georg Gadamer）在分析20世纪文学变革的性质时认为，福柯经历

---

① Michel Foucault, *Dits et écrits*: Vol. Ⅳ, 1980–1988, Paris: éditions Gallimard, 1994, p. 136.

的这场现代思想运动的意义在于,"从19世纪的历史束缚下大胆地自我解放出来,成为一种真正敢于冒险的意识,使所有迄今为止的文学都成为过去的东西"①。

如果从整体进行把握,"启蒙"可以被理解为某种与过去不断进行分离并且积极展望未来的态度,它帮助现代人建构起现代西方文化的理性主义基本精神。正因为"启蒙"是这样一种概念,而革命、进步、解放、发展、危机以及时代精神等概念,都是与"启蒙"一起,于18世纪伴随着"现代"或"新的时代"等说法一起出现。这些概念"被注入了新的含义,而这些语义迄今一直有效"②。启蒙运动所开辟的西方文化的发展方向和思想原则,构成了所谓"现代性"的核心和基础。③ 因此,启蒙的作用在现代生活的总体品质的规定中得到了体现,而启蒙与现代性的联系也因此是显而易见的。

当代法国思想家对当代社会的批判,基本集中在对"现代性"问题的批判上。

所谓"现代性",是指自启蒙运动以来,资本主义在各个历史时期建构起的各种社会文化制度及其基本精神。实际上,它包括了资本主义社会形成和建立以来所建构、传播、维护和进行正当化、并贯彻实行的一系列思想、理论、知识、技术、社会制度、文化、生活方式及精神状态。④ 在启蒙运动中,由理性主义提出的"主体性原则",实际上更强调了现代人的"自我意识"以及"自我肯定"等品质的重要性,并由此再次强调个体的自决、自主以及自由

---

① [美]伽达默尔:《美的现实性》,张志扬等译,生活·读书·新知三联书店1991年版,第8页。
② 傅永军:《启蒙与现代性的生成》,《东岳论丛》2008年第6期。
③ Jürgen Habermas, *The Philosophical Discourse of Modernity*, translated by Frederick Lawrence, Cambridge: Polity Press, 1987, p.7.
④ 高宣扬:《当代法国哲学的逾越精神》,《法兰西思想评论,第一卷(2004):启蒙与当代法国哲学国际学术研讨会文集》,同济大学出版社2005年版。

的觉醒。

现代社会中的人与启蒙精神的关系,以及人们当下所处的时代与启蒙精神的关系,正是建立在对现代性概念的解析基础之上;当今时代与启蒙精神的关系,更是直接造成了现代性的气质与精神。① 就启蒙与个人的关系而言,一个准备启蒙和愿意被启蒙的人,即是一个不断进步、追求现代性的人。

启蒙运动使得现代性的内涵和追求成了现代人的气质和精神。正是启蒙造就了现代性,正是启蒙的精神品格,成就了现代性的精神品格,并且引导现代性登上人类社会的历史舞台。也正因为如此,福柯认为"现在必须尝试一条相反的路径来理解这场颠覆运动,理解启蒙和批判之间的过程,理解把启蒙问题移置到批判中来的这种方式。我们怎么不尝试这条道路,反而另取他途?如果有必要在知识与统治的关系中提出知识问题,那么提出这个问题的首要的前提就是某个决定不被统治的意志;这个意志既是个人的态度,也是集体的态度——像康德所说的那样摆脱不成熟。这是一个态度问题。"②

第四节 现代性的悖论

福柯继承了康德的启蒙思想,将人们自身的理性和理性批判设定为人类走向成熟的方式。因此,启蒙在本质上成为人类反思自己、批判制约和追求自由一种存在方式。③ 从这个意义上来说,启蒙成为人的存在论意义上的存在。福柯定义的"在场存在论"(ontology of the present),实际上包含两个组成部分。一方面,它研究

---

① 傅永军:《启蒙与现代性的生成》,《东岳论丛》2008 年第 6 期。
② [法]福柯:《什么是批判》,詹姆斯·施密特主编《启蒙运动与现代性》,徐向东、卢华萍译,上海人民出版社 2005 年版,第 401 页。
③ 许斗斗:《启蒙、现代性与现代奉献社会——对康德、福柯、吉登斯之思想的内在性寻思》,《东南学术》2005 年第 3 期。

个体，即"自身存在论"（ontology of ourselves）；另一方面，这个存在论也对应人们的时间和周围的环境，即"现在（或当下）存在论"（ontology of the present time）①。

福柯将以上的存在论问题都归结为"何为当代"（What today is）的诊断问题。这个诊断提出的要求并不是单纯去找出"我们是谁"的各类特征，而是要求人们在试着去理解万物在转瞬即逝的过程中追寻"存在（或当下）脆弱性的界限"（the line of fragility in the present）②。更具体地说，福柯要求所有的批判性思考都要将现代看成是具体历史性的、有限的，也就是说，"现代"是发生各类具体转变的场所。这种福柯式的考察方式也被称为"权力的微观物理学"，这种关于权力的理论更代表着一种意图，这种意图旨在弄清楚，权力支配的过程涉及的是何种理性形式，以及知识通过何种手段成为权力的技术。

"何为当代"的问题，首先指向的是与"当代"相关的现代性问题。那么，人们应当如何定义"现代性"的概念？当然，"现代性"主要是描述某种"现代"状态的词语。但是，"现代"一词也具有跨领域、跨时期的多种解释可能性，必须从历史性的时间脉络中去把握关键。有关"现代性"的概念，必须是在某种线性发展的、不可逆的并不断在流逝成为过去的时间意识的框架中，才能得到勾勒。

"现代性"的概念在古代世界中并不存在，这个词语诞生于基督教的中世纪。兼做名词和形容词的拉丁语"modernus"（现代）是在中世纪根据"modo"（最近、刚才）一词创造出来的，就像"hodierus"来源于"hodie"（今天、如今）一样。根据《拉丁语言

---

① Hubert Dreyfus and Paul Rabinow, "What is Maturity? Habermas and Foucault on 'What is Enlightenment?'" *Foucault: A Critical Reader*, edited by D. C. Hoy, Oxford: Blackwell 1999/1986, p. 112.

② ［法］福柯：《结构主义与后结构主义》，《福柯集》，杜小真编选，上海远东出版社1998年版，第502页。

宝库》,"现代"指的是"在我们时代的,新的,当前的";它的主要反义词,参考该词典的释义,是"古的,老的,旧的"①。

从西塞罗的晚期希腊时代开始,人们就感到需要用一个词来表达"现代"之义。库尔提乌斯(Ernst Curtius)在《欧洲文学与拉丁中世纪》中提出:"古代越是年迈,就越需要表达'现代'的词。但'modernus'一词尚未出现。这个空档就由'neotericus'填补了……直到公元六世纪,新的、恰当的词形 modernus……才出现,这时,卡西奥多普斯(Cassiodorus)就可以用抑扬顿挫的节律来称颂一位作家是'古代人的最最勤勉的模仿者,现代人的最最高贵的奠基者'。'现代'这个词……是晚期拉丁语留给现代世界的遗产之一。"②

从西方的思想史研究角度出发,现代(modern)一词最早可以追溯至中世纪的经院神学。解释学家尧斯(Hans Robert Jauss)在《美学标准及对古代与现代之争的历史反思》一书中,对"现代"一词的来源进行了考证。他认为"现代"一词首次被使用是在公元10世纪末,用于指称古罗马帝国向基督教世界过渡的时期,目的在于将古代与现代区别。卡林内斯库(Matei Calinescu)则在《现代性的五种面具》中提出,现代性的观念应当起源于基督教末世教义的世界观。在这种世界观里,时间具有不可重复性。历史学家汤因比(Arnold Joseph Toynbee)在1947年出版的《历史研究》中,将人类历史划分为了四个阶段,即黑暗时代(675—1075)、中世纪(1075—1475)、现代时代(1475—1875)、后现代时期(1875年至今)。汤因比划分的"现代时期"对应的正是西方社会的文艺复兴和启蒙时代,而在现代之后出现的"后现代",则指的是西方

---

① [美]卡林内斯库:《现代性的五副面孔:现代主义、先锋派、颓废、媚俗艺术、后现代主义》,顾爱彬、李瑞华译,商务印书馆2002年版,第19页。
② Ernst Robert Curtius, *European Literature and the Latin Middle Age*, translated by Willard R. Trask, Princeton: Princeton University Press, 1953, pp. 251–254.

社会自18世纪末期开始,以理性主义和启蒙精神的瓦解为代表的动荡时期。同时,后现代时期意味着"现代性"开始规划新的社会制度、新一代的世俗价值观念和审美认知方式。

一般来说,现在人们所理解的"现代性",是指自启蒙时代以来的一种持续进步且不可逆转的时间观念。这种时间观念在日常生活中,甚至会成为判断事物的标准。如果从更加细致的角度对此概念进行考察,那么,"现代"正是在不断与过去相区分的过程中呈现出自身意义的,"它体现了未来已经开始的信念。这是一个为未来而生存的时代,一个向未来的'新'敞开的时代。这种进化的、进步的、不可逆转的时间观不仅为人们提供了一个看待历史与现实的方式,而且也把人们自己的生存与奋斗的意义统统纳入这个时间的轨道、时代的位置和未来的目标之中。"①

福柯在讨论启蒙的文章中,将这种"现代性"表述为一种将人自身与所处时代紧密关联起来的一种生活态度。对艺术家来说,为了与这种新的美学经验相一致,"朝生暮死、短暂只是艺术的一面,它的另一面,即持久、不朽、诗学,必须首先从中提炼出来。类似地,现代性体验包括了作为其对立面的永恒性"②。波德莱尔更是敏锐地从现代性不断与过去相分离,并持续与未来发生关联的过程中,看到了现代性中静态的一面。在波德莱尔笔下,现代性的代表形象就是浪荡子(dandy),他们的各种生活行为方式,传达出一种追求"时代的要求",一种通向未来的艺术真谛的方式。

事实上,"现代性"作为一个时间概念,从19世纪初期开始就与一些流行至今的词语关联在一起,即"时代"或"新时代"。黑格尔的历史观正是对这种时间观念或时代概念做出的最完整的表述。哈贝马斯(Jürgen Habermas)在《现代性的哲学话语》(Der

---

① 汪晖:《关于现代性问题答问——答柯凯军先生问》,《天涯》1999年第1期。
② Hans Robert Jauss, *Aesthetic Experience and Literary Hermeneutics*, Translated by Michael Shaw, Minneapolis: University of Minnesota Press, 1982, p. 282.

philosophische Diskurs Der Moderne）中对"现代性"的概念提出了权威阐释，他认为正是在黑格尔那里，现代性概念成了一个时代概念，"新时代"是现代，"新世界"的发现、文艺复兴、宗教改革等发生于1500年前后的历史事件，则成为区分现代与中世纪的界标。因此，"现代"一词为了将其自身看作古往今来变化的结果，它自身也随着内容的变化而反复表达了一种与"古代性"的过去息息相关的时代意识。①

"现代性"也是一个悖论式的概念，这是由于它自身已包含了内在矛盾。卡林内斯库（Matei Calinescu）在《现代性的五副面孔》（Five Faces of Modernity）中，就现代性的悖论现象进行了分析："无法确言从什么时候开始人们可以说存在着两种截然不同却又剧烈冲突的现代性。可以肯定的是，在19世纪前半期的某个时刻，作为西方文明史一个阶段的现代性同作为美学概念的现代性之间发生了无法弥合的分裂。从此以后，两种现代性之间一直充满不可化解的敌意，但在它们欲置对方于死地的狂热中，未尝不容许甚至是激发了种种相互影响。"②

前一种现代性，通常可以将其理解为属于资产阶级"精英"的、"高端"的现代性概念。这种积极的现代性，延续着现代观念史早期阶段对理性的崇拜，具有对未来社会发展充满信心的特征。这种现代性以不断推出进步的学说为重点，并相信理性与科学技术的进步能够带来更多幸福生活。这种资产阶级的"高端"现代性对于时间的关注以及理性的崇拜，以及在抽象人文主义框架中得到界定的自由理想的特征，皆表达出一种积极前行、追求现代的斗争姿态。这种态度尤其在以西方社会中产阶级建立起的文明中，作为核心价值而得到保护和发扬。

---

① 傅永军：《启蒙与现代性的生成》，《东岳论丛》2008年第6期。
② ［美］卡林内斯库：《现代性的五副面孔：现代主义、先锋派、颓废、媚俗艺术、后现代主义》，顾爱彬、李瑞华译，商务印书馆2002年版，第48页。

与此相反，产生于同一个进程的现代主义文学，却表现出一种激烈反对资本主义世俗化的倾向，导致先锋派得以产生另一种指向地面的"低端"的、"通俗"的现代性。自西方文化中的浪漫派开始出现以来，这种现代性即体现出激进的反精英主义的态度。譬如，对资产阶级的美学批判一直是德国浪漫主义的主要特征之一，许多相关学说都以此为出发点，构筑起对现代本身的批判观点。在马克思和韦伯等人的思想体系中，亦包含着对于"现代"的深刻批判。这是因为，在一个到处宣扬着"精英"或"高端"理想的社会中，这种理想本身就可能成为具有排他性和压抑性的工具。因此，这种反对推崇"精英"理想而产生的"通俗"现代性，尤其厌恶西方社会中产阶级的那种"精英"的价值标准，并通过反叛、无政府主义或者自我流放等手段来表达这种厌恶。这种带有强烈的否定激情、表达着对"精英"和"高端"的资产阶级现代性公开排斥的文化现代性，也被称为"通俗"的或"低端"的现代性。

在对理性和启蒙思想进行讨论的同时，福柯亦将现代性和启蒙从两个不同方面联系了起来。根据司各特·莱斯和乔纳森·弗莱德曼（Scott Lash & Jonathan Friedman）的分析，"高端现代性"（high modernity）表述的是那种极度推崇理性的判断和认知，并且相对贬低感性领域中的性欲、情感、身体、触摸和感知功能的模式。这种模式自身就是"被理性所统治"（colonized by reason）[1]。

与此相对，另外一类现代性指涉的群体则被称为"低端现代主义者"（low modernist）。低端现代性的支持者将注意力集中在经验性的生活、体验、改变等相关活动上，他们更加注重身体层面上的存在，譬如性、欲望和快感等。与高端现代主义者一样，低端现代主义者亦在寻求一种伦理。莱斯和弗莱德曼指出，后者追求的实际上是"一种没有蓝图的伦理"，因此也可以说，它就是一种没有解

---

[1] Scott Lash and Jonathan Friedman, *Modernity and Identity*, New Jersey: Wiley-Blackwell, 1992, p. 5.

放（譬如康德式的启蒙解放）的世界主义。①

根据这种划分，现代性显示出一种朝向两种状态的张力，即介于精英与通俗之间，或者在高端与低端之间。这种二分法也可以被看作是现代性的标志之一。无论是精英与通俗之间的划分，或是低端现代性与高端现代性的相互比较，对这种张力的思考都仍然处于现代性的基本逻辑框架之内。在西方社会的历史进程中出现的种种理性与非理性之间的批判斗争，也从各自的角度体现出现代性自身存在的内在矛盾。因此，正如墨西哥诗人帕斯（Octavio Paz）所说，现代性在某种意义上正是一个"自己反对自己的传统"。在此基础上，福柯的思想不仅指向康德的"高端"（high）理性，也指向波德莱尔（Charles Baudelaire）的"低端"（low）现代性。②

第五节　波德莱尔论现代性

波德莱尔对现代性的关注始于他的青年时代。20 世纪 40 年代，他发表了一系列向 19 世纪现代文学发起挑战的文章，并集合成《1845 年的沙龙》（Le Salon de 1845）、《1846 年的沙龙》（Le Salon de 1846）出版。在《1846 年的沙龙》中，波德莱尔首次明确表达了对浪漫主义与现代艺术的理解和定义，并且以一种激进的崭新方式阐述一种独特的现代性观念。"正如人们有多少种理解道德、爱、宗教等的方式，就有多少种理想，因此浪漫主义将不在于完美的技巧，而在于一种与这个时代的道德相类似的设想……因此，最要紧的是了解自然和人类处境中为过去的艺术家所蔑视或不知的东西。谈论浪漫主义就是谈论现代艺术，也就是谈论私密、灵性、色彩和

---

① Scott Lash and Jonathan Friedman, *Modernity and Identity*, New Jersey: Wiley-Blackwell, 1992, p. 3.
② 这是英国学者司各特·莱斯与乔纳森·弗莱德曼（Scott Lash and Jonathan Friedman）在《现代性与身份》（Modernity and Identity）中提出来的概念。

趋向无限的抱负，它们经由一切可得的艺术手段表现出来。"① 并且"会出现的情况是，在浪漫主义与其主要信徒的作品之间存在着明显的矛盾"②。因此，波德莱尔这里的浪漫主义事实上正是"反浪漫的"和"现代的"。

除了《1846年的沙龙》，波德莱尔还在另一部作品中对现代性进行深入探讨，即《现代生活的画家》（Le Peintre de La Vie Moderne）。文中，波德莱尔对现代性进行了独到的描述："现代性是短暂的、转瞬即逝的、偶然的，它是艺术的一半，而艺术的另一半是永恒和不变的……至于这变态迭出的因素，你无权去轻蔑它或是忽视它。如果抑制它，你注定会陷入一种抽象的、无法确定的美的空虚性，就像犯下第一宗罪之前的女人的美的空虚性……总之，如果有一种特定的现代值得成为古代，就必须从中抽取人类生活不经意地赋予它的那种神秘的美……那些到古代去寻求纯艺术、逻辑和一般方法之外的东西的人是可悲的。他深深地一头扎进去，而无视现在。他弃绝情势所给予的各种价值与权力，因为我们所有的创造性都来自时代加于我们情感的印记。"③

在波德莱尔这里，现代性最显著的特征可以表达为人们不断追寻某种当下的趋势，或是在转瞬即逝性中对于某种感官现时（sensuous present）的把握。这种对于现代性的理解体现出一种时间意识的悖论，而这种关于现代的意识，正是现代性概念历史上一个全新的转折点。

波德莱尔认为，"现代性"一词在某种程度上已经失去了曾被大众普遍认可的描述功能，即这种"现代性"已经不再能够权威地从历史中分离出某种与"过去"相对的"现在"的时段。从美学

---

① Charles Baudelaire, *Baudelaire as a literary critic*, translated by Francis E Hyslop, University Park, Penn.: The Pennsylvnia State University Press, 1964, p. 40.
② Ibid., p. 41.
③ Ibid., pp. 296 – 297.

角度出发，过去出现的各种东西就是许多连续的现代性的表现，而这些东西都是独特的，没有重复的，并因此各自有着特定的艺术表现形式。而且，每个单体之间并没有固定的联系，因此彼此之间并不存在进行比较的可能。在这个层面上而言，艺术家并不能从过去学习到所谓艺术的"一般方法"。这是因为，过去的某件艺术品所包含的正是当时的"现代性"，这并不能帮助艺术家获取到现在正在发生中的"关于现实的美的特性"。也就是说，如果将过去的艺术品当作某种具备超越时空限制的、具有"永恒性"的成功范本，这只会阻碍艺术家对于现代性的真正追寻的脚步。如果想要正确地把握住当下的现代性，需要的是艺术家自身特有的创造性想象，而非其他。

从中世纪开始，西方思想界就对"现代性"的概念展开了一系列充满张力的争论。由于波德莱尔所坚信的这种真正的"现代性"对于"过去"所持有的抗拒和敌意，这种"现代性"已经不再能够成为分离过去与现在的标志。因此，波德莱尔正是在这个意义上指明了这一场历史性的关于"现代性"的终端。

关于"现代性"，波德莱尔强调的是处于"现时性"和"纯粹即时性"的"现时"，同时它也是一种"悖论式的可能性"。卡林内斯库指出，"美的永恒一半"是构成艺术的最一般规律，只有通过现代美，人才能被带入一种转瞬即逝的生活。反过来，现代美被包括在价值观念的超历史领域，但是，只有放弃任何要为将来艺术家充当范本或实例的要求，它成为"古代"才有可能。[①]

波德莱尔定义的"现代性"，事实上成了一种艺术家应当明确把握的规范性概念，即艺术应当成为现代的。这种令艺术家"成为现代的"律令，其实更是一种选择，是一种踏上充满艰险

---

① ［美］卡林内斯库：《现代性的五副面孔：现代主义、先锋派、颓废、媚俗艺术、后现代主义》，顾爱彬、李瑞华译，商务印书馆2002年版，第57—58页。

和挑战的"成为现代的"道路而不断前行的、充满勇气的态度或气质。

因此,波德莱尔所理解的现代性,乃是现在之中的每一个瞬间(each present in its pressentness)。换句话说,它是在纯粹瞬间性中的、立即流逝成为过去的当下,并且它含有永恒的因素。它是某种永恒的东西,它存在于现在当中,而不在他处。从这个角度出发,福柯指出,波德莱尔提出的观念,包含能应用到各种历史性阶段(包括人们现在所处的时代)的"现代性"中的重要因素。

第六节 福柯论现代性

福柯将康德关于启蒙的概念与波德莱尔关于现代性相互结合,放入《什么是启蒙》,这也许会有些令人不解。但从福柯对"何为启蒙"的解释中,人们可以看到,现代性作为一种态度和哲学生活,是具有批判和反思精神的,是启蒙精神的继续,而这种启蒙的理念并不局限于康德所处的时代。尽管不能排除19世纪晚期的欧洲现况与这些新兴观念之间的历史性联系,波德莱尔的现代性仍不应被打上某个时期的固定标签。福柯就是从这一点出发,抓住了波德莱尔强调的"现代性的态度","把现代性想象为一种态度而不是一个历史的分期"。在他看来,波德莱尔最能代表这种态度。1867年,波德莱尔的诗人密友班维尔(Théodore de Banville)在波德莱尔墓前发表献词:"他接受了现代人的全部,包括现代人的弱点,现代人的抱负和现代人的绝望。因而他能够把美赋予其自身并不美的各种景象……他由此揭示了现代城市的令人悲哀并且常常是悲剧性的核心。这乃是为什么他始终并将永远萦绕在现代人的心头。"[1]

---

[1] [美]马歇尔·伯曼:《一切坚固的东西都烟消云散了》,徐大建等译,商务印书馆2003年版,第169页。

福柯之所以认同波德莱尔的现代性，可能具有以下两个原因。

第一，波德莱尔定义现代性的方式是建立在时间的不连续性基础之上。因此，波德莱尔的现代性代表了某种与传统相叛离的断裂，表现出一种在不断逝去并立即成为当下的时间洪流面前的眩晕和新奇感觉。对此福柯指出，"现代性"所具有的这些"偶然性、过渡性、逃避性"的因素，亦与波德莱尔式现代性的另一个方面相关，即一种对"在即刻当下当中某种永恒的重新捕捉"的意图。① 人们应当注意到，这种永恒其实就存在于现在之中。

第二，福柯在波德莱尔的作品中找到了个体的现代艺术典型，并将这个典型理解为与自身确立关系的一种形式。福柯将其描述为一种"审慎从容的态度"，并且"维系着一种不可离弃的苦行主义（asceticism）"②。而拥有这种现代性态度的典型，就是波德莱尔笔下的浪荡子（dandy），或是对其而言几乎同义的漫游者（flâneur）与现代艺术家（modern artist）。这种半虚构、半真实的波德莱尔式现代人的目标当然这也是福柯对其感兴趣之所在，即它是一种将现代美培植到生命个性中的个人追求，并由此满足个体的激情，去感受，去思考。

因此，对于波德莱尔而言，现代性代表的乃是一种新的存在主义的"自身修养"（culte de soi-même），其基本特征就是对现代社会和文化的一切最新成果，抱不屑一顾或不以为然的态度。③ 波德莱尔曾以诗意的文笔为之描绘出一幅肖像："浪荡子的美的特征，在他那不受影响的、不可动摇的坚毅之上的冷漠。人们可以看见一

---

① Charles Baudelaire, "le peintre de la vie modern", *l'art romantique*, GF Flammarion, 1990, p. 68. "Il s'agit, pour lui, de dégagerde la mode ce qu'elle peut contenir de poétique dans l'historique, de tirer l'éternel du transitoire."

② Michel Foucault, "What is Enlightenment", *The Foucault Reader*, edited by Paul Rabinow, New York: Pantheon, 1985, p. 41.

③ 高宣扬：《什么是"当代"——从福柯回溯到波德莱尔》，《艺苑》2010年1月，第26页。

股潜藏的火焰,它不愿放射,并且只能通过想象去接近。正是在这些图像中,浪荡子完美地现身。"①

浪荡主义(Dandysme)可以被理解为一种非功利性自由的展现,并且表现为从和自身所处历史时代的关系当中不断取得个人创造性的意图。② 对于波德莱尔的漫游者而言,城市的街道就是现代生活的"昙花一现的舞台"(l'étage transitoire),那些现代性的追寻者们,在这个舞台上寻找到活生生的现实美。这种美可以体现在时尚、姿态中或是人们的脸上,甚至就在人群的异质性(hétérogénéité de gens)当中。③ 这种现代美并不是普适的或传统习以为常的,相反,它是非连续性的、转瞬即逝的、奇特和陌生的;它可以被看作是为差异和断裂所提供的一个场所,而断裂和非连续性就是它的根本特征。

在波德莱尔的世界中,现代艺术的成就取决于个人在语言和表达模式上的创新程度。现代艺术唯有通过凝聚时间以及所有转瞬即逝的因素,才能与某种"永恒"展开对话。但是,现代性中的那些"历史性、情感性和转瞬即逝"(低端的)的因素,它们的维度甚至比那些永恒和稳定不变的(高端的)方面来得更为重要。波德莱尔认为,美的成分包含两种要素:一种是永恒的,不变的,但其多少很难确定;另一种则是暂时的,瞬时即变的,犹如时代、风尚、道德、情欲等。重要的是,若没有第二种因素,第一种因素就是抽象的和不可理解的,甚至也是难于被人所接受的。④ 所以,永恒的

---

① Charles Baudelaire, "le peintre de la vie modern", *l'art romantique*, GF Flammarion, 1990, p.79. "Le caractère de beauté du dandy consiste surtout dans l'air froid qui vient de l'inébranlable résolution de ne pas être ému; on dirait un feu latent qui se fait deviner, qui pourrait mais qui ne veut pas rayonner. C'est ce qui est, dans ces images, parfaitement exprimé."

② Charles Baudelaire, *écrits sur l'art*, edited by Francis Moulinat, Paris: Le Livre de Poche, 1999, pp.536-537.

③ Ibid., p.517.

④ 高宣扬:《什么是"当代"——从福柯回溯到波德莱尔》,《艺苑》2010年1月,第27页。

美只能存在于抽象（abstraction）之中，作为"各种美的一般表面"（surface générale de beautés diverses）①。

波德莱尔推崇的"低端"现代性与康德的"高端"现代性具有明显差异。波德莱尔的浪荡主义是现代性态度的一个绝佳范例，它旨在将人的身体、行为、激情和存在转化为艺术品。福柯强调，一个浪荡子既不是一个完美的存在者，也没有什么特殊的现代本质。他只是一个认识到自己和所处环境的历史性限度的个体，并试图将自身创造成为超越这些限度。② 对波德莱尔而言，现代人的首要任务，就是要去发现属于自己的真正自我，并不断积极地创造自我的存在。

福柯虽然是针对波德莱尔的现代性观念所做的评论，却也同样表达出自身的态度。生活，或者存在，不应当是一成不变的，自我亦不应当是一成不变的，人作为充满意志与理性的存在者，应当不断寻求摆脱过去的自我，不断创造并刷新自身的生存状态。福柯主张，自我是个人建构出来的，而且是不断地再建构的，而不是存在于个人内在的某种不变的本质，有待个人去发现，去认知。③ 1982年，福柯与"同性恋革命行动阵线"（FHAR）成员会谈时说："我们和我们自己的关系，不是同一的关系，而必须是分化的关系，创造的关系，创新的关系。保持相同真是沉闷！"④

成为现代的，就是"选择成为现代的"（choose to be modern）。这首先是一种新的态度，体现在个人与当下所处时代的批判性关系上。无论是对波德莱尔还是对福柯而言，这种态度都表现出了一种

---

① Charles Baudelaire, "le peintre de la vie modern", *l'art romantique*, Paris: GF Flammarion, 1990, p. 63.
② Michel Foucault, "What is Enlightenment", *The Foucault Reader*, edited by Paul Rabinow, New York: Pantheon, 1985, pp. 40–42.
③ 黄瑞琪：《再见福柯——福柯晚期思想研究》，浙江大学出版社2008年版，第26页。
④ James Miller, *The Passion of Michel Foucault*, Cambridge: Harvard University Press, 2000, p. 256.

新的英雄化（héroïsation）的特征。通向现代性的道路是艰难的，它充满了不确定性和危险。这种不确定性，在很大程度上就是由于现代人的创造，在本质上是充满想象和偶然性的。现代性并不是由艺术家复制出来的现实，而是艺术家突破各种固有表象的、充满想象的创造。而正是在这种创造中，永恒与瞬间得到了统一，一切基于瞬间，基于"当下即是"的那一刻。人们只有通过把握住当下的每一个瞬间，才能够达到永恒。因为现时出现的瞬间，才是人生与不可见的永恒相接触的确实通道，而瞬间的唯一性，使"永恒"现实地出现在人的生活之中。①

通过建立福柯与波德莱尔关于"低端"现代性的联系，人们不难发现，波德莱尔的现代个人修养首先是一种"差异文化"（la culture de difference）。一个真正的浪荡子，不会跟随任何已给出的规定、法律或标准，他也不会在乎公认的任何价值，比如金钱、信仰、异性恋或者婚姻。②浪荡子轻视一切号称典型或是正常的常识界限，并会创造属于他自己的"自身的美学"。

作为现代性代表的浪荡子，就是一个"个人与社会及主流文化相疏离"的绝佳例子。而他的迷人之处，也正是在于这种与中产阶级和资本主义价值的对抗，这种被对抗的价值，是以理性化的和功利主义的生活方式为基础的。除此之外，在政治和社会意义上，浪荡子对于自身的审美修养也是超越界限的，他揭露出社会强加在个人身上的那些界限，并且通过以不同方式去行动来考察这些界限。这些行为通常是充满想象力的，并且不具有任何有用性的目的，仅仅是为了他个人的乐趣和情绪上的满足。

福柯十分欣赏波德莱尔提出的现代性思想，而这位伟大诗人笔

---

① 高宣扬：《什么是"当代"——从福柯回溯到波德莱尔》，《艺苑》2010年1月，第27页。

② Jean-Pierre Saidah, *Le dandysme*: *Continuité et rupture*, *L'Honnete homme et le dandy*, edited by Alain Montandon, Tübingen: Gunter Narr Verlag, 1993, p.141.

下描绘的充满现代性气质的浪荡子，则是对现代人的一种启蒙。成为现代的人，就是"要全力以赴地将生活变成艺术，这是一种存在伦理学，生活不再以超验性真理为目标，它是一种可能性的探究，是一种不倦的修行，无止境的摸索，自我的反复批判，这不是面对着某个顶点一步步拾级而上，这是一种非求真性的跳跃，是自我控制的技艺，是非理性的美学，最终，这是尼采式的舞蹈"[①]。

---

① 汪民安：《福柯的面孔》，文化艺术出版社2001年版，第5页。

第三章 "自身"的美学

第一节 审美的主体：在高与低的边界之中

浪荡子的行为实践，主要是基于个人的激情和感觉而不是理性，但他们由此创造出的作品，即其自身，在许多方面仍与康德式的启蒙主体具有相似性。康德和波德莱尔都在寻求现代性主体在现代环境下的自律，并试图将个体从社会、信仰、伦理和传统中解放出来。

在康德和波德莱尔的论述基础上，福柯并没有忽略理性在个人审美的和政治的自律中所占的重要性，也同样重视身体、情感和日常生活在批判性思考和行为中的重要地位，而这些方面在康德高端的理性学说中是缺席的。另外，与对待康德思想所使用的方法一样，福柯并没有简单重复波德莱尔的观点，而是试图在波德莱尔思想的基础上，开创一种全新的启蒙理性的模式。实际上，对于福柯而言，那个"被启蒙了"的审美个体，不仅包含了康德思想中的"高端"的理性，亦含有波德莱尔式美学体系中的"低端"的情感。福柯后期建立的关于自身的美学理论，为人们提供了一种启蒙理性的新版本。

这种"对个体的生存美学的重新塑造"，对于康德和波德莱尔而言，二者仍然存在着明显的差异。因此，对审美的主体在"现代性"问题上的两种不同诠释，即对"高端"（high）和"低端"（low）

的现代性主体展开比较分析，正是另外一种充满张力的审视方式。

以波德莱尔为代表的"低端现代主义者"（low modernist），将注意力集中在经验性的生活、改变和活动上，并且更加注重身体层面上的存在，譬如性、欲望和快感等。以康德等人为代表的"高端现代主义者"（high modernist），则更加推崇判断和认知，因而相对贬低性欲、情感、身体、触摸以及感知功能。与这些高端现代主义者们类似，追寻低端现代性的人们也寻求一种伦理，莱斯和弗莱德曼指出，这种伦理，实际上就是一种缺失了康德式启蒙解放的世界主义。①

除了词汇意义的不同，在康德与波德莱尔之间还存在着更为关键的区别，这亦是理解福柯在现代思想脉络中所处位置的重要因素。整体而言，康德与波德莱尔之间的区别主要表现在以下三个方面。

第一，在福柯和波德莱尔那里，有关自身的美学的主要任务，并不是建立某种普适的理性结构。波德莱尔的目的在于让现代人认识到，人并不是一个被决定的主体，而是拥有对自身所处社会附加在其自身上的界限进行考察的权力，并且要求获得理性、生产、工作和休闲之间的平衡，以及艺术和生活之间的平衡。福柯发现，正是这种认识，使得波德莱尔更加强调自主自由和审美的自我创造的重要性，而不是某种普适性的理性主义结构。

第二，与康德强调的现代主体应当遵循"高端"理性的指引不同，波德莱尔的现代主体，更倾向于"低端"的包含身体、激情和性的审美性修养。这种低端现代主体，强调自身的审美感受和审美风格化的重要性，而不是人们的逻辑官能给予人们自身的某种感知。② 相

---

① Scott Lash and Jonathan Friedman, *Modernity and Identity*, New Jersey: Wiley-Blackwell, 1992, p. 3.

② Dieter Hoffmann-Axthelm, *Identity and Reality*: *The End of the Philosophical Immigration Officer*, *Modernity and Identity*. Scott Lash and Jonathan Friedman. New Jersey: Wiley-Blackwell, 1992, p. 57.

较于高端现代主义的各种认知假设，它建立的是一块被情欲支配的"无意识"（不自觉的思想、意识、行动等）的模板，与高端现代性的文明进程相对立。① 从这个意义上而言，当提及实验性身体（the experimental body）、界限态度（limit-attitudes）以及自身的美学（the l'esthétique de soi-même）的时候，福柯与波德莱尔的战线是统一的。

第三，康德与波德莱尔之间的不同还在于两人对历史进步的不同看法。在福柯看来，康德关于启蒙的文章与波德莱尔的浪荡主义的衔接点就在于，他们两人都坚持各自对于"幸福许诺"（la promesse de bonheur）的观点。波德莱尔认为，"美就是幸福的许诺"②，这一点他与司汤达将美定位为"对于幸福的许诺"一致，后者根源于"批判许诺"（la promesse de critique）。因此，在波德莱尔的现代美学思想中，"幸福许诺"并不像康德所理解的那样，是某种根植于个体对于理性的公共使用。而理性主义的问题就在于，康德赞许的启蒙理性既不能为道德奠基，也不能兑现它所许诺的幸福。在波德莱尔这里，幸福能否成为可能，完全取决于波德莱尔所称的"现代性"或"现代主体性"的审美性构建。因此，两者之间存在着根本性的不同。通过理解这些不同，就能更清晰地把握福柯对于"现代性"和"启蒙"的解释。

从整体上而言，康德和波德莱尔的现代性体现的乃是一种个体选择的态度和气质（ethos），它既来自个体自身所处的历史境遇中，同时又试图对所处的历史境遇做出一种批判性的回应。在从德

---

① Scott Lash and Jonathan Friedman, *Modernity and Identity*, New Jersey: Wiley-Blackwell, 1992, pp. 5 – 6.
② Charles Baudelaire, *le peintre de la vie modern*, *l'art romantique*, GF Flammarion, 1990. p. 63. "Le Beau n'est que la promesse du bonheur. Sans doute cette définition dépasse le but ; elle soumet beaucoup trop le beau à l'idéal infiniment variable du bonheur ; elle dépouille trop lestement le beau de son caractère aristocratique ; mais elle a le grand mérite de s'éloigner décidément de l erreur des académiciens."

国古典哲学时代朝向波德莱尔的时代进行的美学道路上发生改变的，正是由康德思想中继承而来的理性乐观主义的精神。康德在关于启蒙的文章中，宣扬的是一种理性论证和普遍有效的论述；波德莱尔所推崇的关于自身的现代美学，则转向了某种充满激情的、悲剧性的、根植于历史的东西。波德莱尔笔下的现代英雄，表现出一种与康德式的英雄、学者以及受过专业教育的精英人群不同的信念，他的美学专注于现代性对那种转瞬即逝的经验的追寻。在波德莱尔的文本里，这种经验更多的是在流浪者、乞丐和妓女们肮脏的脸上被捕捉到。而这种经验在那些受过良好教育的上层社会的精英中，或是受到康德式启蒙的人们那里，是无法被发现的。因此，与康德主义者们表现出的"高端"的精英姿态不同，波德莱尔和福柯所处的位置更加低端、通俗，具有先锋性。

另外，波德莱尔和福柯在对于现代艺术的理解上，也同样与康德存在着差异。在康德的作品中，审美主体对艺术作品的有机特征，运用理性进行普遍有效的审美判断，人们仍然能感受到协调和同一。波德莱尔和福柯的现代性主体，虽然坚持从个人生存的限度中寻找一种"出路"或是"出口"，但是，他们所认同的这种"低端"的现代性主体，已经不再具有协调同一性。

波德莱尔认为，现代艺术越是远离日常生活，就越能进入审美自律的状态，在意识中也越会感到缺乏协调和同一性。波德莱尔笔下的浪荡子，正是在巴黎流浪汉、乞丐和妓女们的身上发现了现代审美特征。在他们所体验到的痛苦中，甚至还包含一种"无止境的无聊"（l'ennui sans fin）①。与福柯对待癫狂者和同性恋者的态度类似，波德莱尔也将这些人物理解为现代英雄主义的典型例子。

因此，福柯和波德莱尔对康德坚信的启蒙进程的成功提出了质疑。这种观点在福柯对于自由的论述中体现了出来："我不知道

---

① ［法］波德莱尔：《恶之花——巴黎的忧郁》，钱春绮译，人民文学出版社 1991 年版，第 7 页。

我们是否会成为成熟的成年人。"① 他认为，尽管人们可以创造一种关于自身的批判性的美学，也有可能改变所处社会的状况，但是人们永远不能真正地、完全地实现自由，因为"自由"从来就不是一个固定不变的存在状态。对于福柯而言，自由应该诉诸于某种可能性，凭借这种可能性，人们创造自身，超越社会以及他人强加于个体的界限。自由，并不是指要去克服这些界限，而是让人们理解并且能批判性地考察这些界限。

福柯也意识到，每一个属于自我的审美性个体必定会受到各种外界力量的影响，譬如时尚。因此，即使人们努力地朝向"自由的"审美性自身进行创作，个体仍然是与外部力量和控制体系相互联系的。即便如此，人们也不应该消极。因为，放弃对自身的创造就等于放弃了对自由的渴望，而放弃对自身的把握——即使它只是一个幻觉，也等于死亡。②

因此，审美意义上的自我授权（self-enpowerment）不仅支持个体的自由，亦能够使个人在他人的统治之下变得相对更加自由。③同时，这种技术也让个体自身的生命实践不再局限于审美范畴，而是更加广泛地体现在伦理、政治和自由中。为了更加清晰地展示这种有关自身的美学思想，必须对福柯关于"自身的技术"的研究进行梳理和分析。

第二节 自身的技术

福柯在《性史》第一卷《认知的意愿》中，提出了与弗洛伊

---

① Michel Foucault, "What is Enlightenment", *The Foucault Reader*, edited by Paul Rabinow, New York: Pantheon, 1985, p. 49.
② Stephen Greenblatt, *Renaissance Self-Fashioning: From More to Shakespeare*, Chicago: University of Chicago Press, 1980, p. 257.
③ Michel Foucault, *The Use of Pleasure*, *The History of Sexuality*, Vol. II, New York: Pantheon Books, 1985, pp. 72 – 77.

德学派的性压抑假说不同的观念。他认为,自维多利亚时代以来,西方社会实际上是支持并引导人们谈论性的,他还通过探讨近两百年来性经验被话语、知识和道德操控的机制,揭示出权力如何在性经验领域中得到运作。然而,在其后两卷本的写作过程里,福柯转变了思路,在《快感的享用》和《自我的关怀》中,他开始对"自我"的主体解释进行反复强调,并集中探索自我技术在性经验领域的运动方式,而不再执着于以往对权力的分析。在福柯的晚期作品中,也没有局限地讨论性问题,而是将养生之道、家政管理、性爱技术等主题密切地联系在一起,并因此涉及生活的艺术、行为的艺术和快感享用的艺术。① 福柯对此也曾明确表示,相较于其他主题,他对自我技术之类的问题更感兴趣。而且,当他讨论自我关怀的问题的时候,首先就要求人们将目光聚集到个体的身体经验,因为性经验就是身体经验的集中体现。

哈贝马斯认为,人拥有的技术分为三种,即生产的技术、交流的技术和控制的技术。但福柯指出,实际上还应当存在着另一种技术,就是使个体对自己的身体、灵魂、思想和行为进行一定的运作的技术。个体凭借这一技术,在自己那里获得一种改造和修正,从而达到某种完善、幸福、纯洁、超自然的状态。② 为了剖析这种逐步形成的主体谱系学结构,福柯开始考察西方哲学不同时期对"自身"这一概念的阐释,并且将控制技术与"自身的技术"进行关联性的比较研究。

一 古希腊、希腊化和罗马时代

在古代与近现代思想之中,主体是通过关怀自身与认识自己这

---

① Michel Foucault, *The Use of Pleasure*, *The History of Sexuality*, Vol. II, New York: Pantheon Books, 1985, p. 321.
② Michel Foucault, *Les mots et les choses*, Vol. IV, Paris: edition Gallimard, 1944, pp. 731 – 732.

两个概念交替形成的。古代主体与现代主体之间的不同之处,正是在于关怀自身与认识自己之间形成的一种相反的从属关系。在西方古代社会中,关心的是如何在自身确立行为与思想之间的公正、公平的关系;具有智慧的人,就是能够在自身行为中体现哲学公正性的人。

笛卡尔以来的哲学,开始将人设立为自身能够获得真理的主体,其次才是作为一个正直的伦理主体被加以讨论。对于现代主体来说,真理的通道在研究伦理秩序时被悬置。但是,古代智慧却要求主体在对自己的生活进行风格化的伦理以及美学的实践过程中通向真理。在这个意义上,主体只能从改变他的生活出发去追求真理;而对于现代哲学而言,主体总是因为受到真理的启发才能够寻求并改变他的生活方式。因此,福柯在作品中抛出这样一种观点,即古代的那个"公正行为"的主体,已经被现代的所谓"真实认识"的主体取代了。

在西方思想史上,柏拉图《会饮篇》(Symposium)中的《阿西比亚德》(Alcibiade),是第一篇将"认识自己"(gnothi seauton)作为哲学实践的先决条件引入哲学世界的作品。人们通常是将《阿西比亚德》放在柏拉图作品的首要位置,因为人们只能够"以苏格拉底的方式讨论苏格拉底的学说"[1]。苏格拉底正是通过"认识自己"走向哲学的,因此,忽视自身来讨论哲学是荒谬的。"只有通过一番修身功夫,人才能以认识自身的方式在哲学知识方面有所进步。"[2]

从某种意义上讲,"认识自己"正是西方思想史中的首要原则,并被当作讨论主体与真理之间关系的箴言。但是,福柯通过对史料的梳理指出,"认识自己"这句铭言当初并不具有人们现在理解的

---

[1] [法]福柯:《主体解释学——法兰西学院演讲系列·1981—1982》,佘碧平译,上海人民出版社2005年版,第163页。
[2] 同上书,第166页。

哲学意义，它的意义是后来才被引入的①；相反，"必须关怀自身"这个原则和断言才是希腊文化中的一句古老格言，而且是一句斯巴达的格言。②

福柯在对"关怀自身"（le souci de soi）进行思辨性的推演过程中，强调了西方思想史上关于"自身"的转变历程。在古希腊时期，受到良好教育的个体为了塑造和完善自己，首先必须"关怀自身"。而这一劝谕在后来被降到第二位置，人们开始将"认识主体"看成获得真理的"通道原则"。福柯尝试讨论的是一个更加深刻的话题，即在对理性主义的进程提出质疑之后，开始对主体自身的道德建构和修身观念进行拷问。

20世纪80年代初期，福柯在法兰西学院的讲座中，对"回到主体"的问题展开了讨论。关于如何将自己的伦理学作为整体融入作品，福柯提出了各种各样的建议。事实上，福柯关于权力普遍化的早期作品与其后期关于伦理自我构成的作品之间，存在着"概念上的连续性"，而不是中断。在这一系列讲座中，福柯在相关概念框架的基础上，从不同方面提供了有关自我实践的解读，以解释"制造"和"构成"主体的"自我"，只是"主体化"的两个方面。这些讲座的内容后来被整理为《主体解释学——法兰西学院演讲系列·1981—1982》（l'herméneutique du sujet, Cours au Collège de France 1981 - 1982）。书中说："这里，我们终于达到了灵魂。"

福柯指出，《阿西比亚德》第一次系统地提到"认识自己"的观念，此处的"自己"指涉的并非作为肉体的身体，亦不是外界的某种对象，它指的正是具有理性的灵魂，因此"认识自己"就是认识灵魂。福柯认为，灵魂作为主体，绝不是灵魂作为实体，这是《阿西比亚德》讨论"什么是自身、当有人说必须关怀自身时必须

---

① ［法］福柯：《主体解释学——法兰西学院演讲系列·1981—1982》，佘碧平译，上海人民出版社2005年版，第5页。
② 同上书，第32页。

赋予自身什么意义"这个问题最终所要得出的结论。

苏格拉底曾经表达了自己对"关怀自身"的态度，"为自己过的这种生活而感到骄傲"。苏格拉底在《申辩篇》（The Apology）中反复提醒人们，"你们一生只关心一堆没有价值的东西，关心你的财富、关心你的声望，但是，你们从来不关怀自身。""你们难道不感到羞愧吗？你们应该更加关心自身的德行与自己的灵魂，要不断地去完善它们，可是你们却从来没有担心过这一点。"[①] 苏格拉底认为，"关怀自身"就是神赋予的谕令，因此，应当将"关怀自身"的生活原则传授给他人。只要人们能够将此谕令作为人生的行动原则，整个社会都会因此受到福泽，并反过来使人们得到幸福生活的保障。《阿西比亚德》和《申辩篇》还表达了一种当时人典型的思想态度，即"关怀自身"就是人的基本指导原则。因此，"关怀自身"作为首要原则，其地位原本是高于"认识你自己"这一神谕的。

在《阿西比亚德》中，"关怀自身"得到了另外一种表现形式。柏拉图首先集中阐述了关于"自身"的问题，"自身"首次被赋予了重要地位，并得到全面的讨论。柏拉图甚至认为，"自身"就是灵魂的主体。福柯从理论上第一次系统地讨论"关怀自身"这一古老的命题，即"关怀自身"如何从它与古代教学法的特殊关系中解放出来，并摆脱了它的政治目的，以及它在《阿西比亚德》中（即在苏格拉底—柏拉图的背景中）出现时的各种条件。由此，"关怀自身"才具有了一种普遍的和无条件的形式（le souci de soi avait donc pris la forme d'un principe general et inconditionne）。

在福柯看来，"关怀自身"不仅体现在苏格拉底与柏拉图的思想体系中，也在古希腊罗马时代的诸多哲学家那里得到了重视。譬如，伊壁鸠鲁（Epicurus）就曾谈道："任何人，无论昼夜，在一

---

① [法] 福柯：《主体解释学——法兰西学院演讲系列·1981—1982》，佘碧平译，上海人民出版社2005年版，第8页。

生中都要关心他自己的灵魂。"① （在这里，therapeuein 具有"关心""关注"和"照料"的意思。）在《致梅内塞的信》（the Letter to Menoeceus）中，伊壁鸠鲁详细阐述了自己的伦理学思想，哲学则被当作以"关怀自身"为原则的永恒的训练。② 在斯多亚学派那里，"关怀自身"也同样是至关重要的原则，从芝诺（Zeno of Elea）到塞涅卡（Lucius Annaeus Seneca）、马可·奥勒留（Marcus Aurelius Antoninus Augustus）到埃庇克泰德（Epictetus），他们均谈到过各种表达关怀自身的方式。他们都认为，要想拯救自己，要想成为自己，要想获得自由，必须关怀自身。不仅如此，"关怀自身"在犬儒学派的思想中亦占有重要地位。该学派认为，人为了专心地关怀自身，必须放弃关心其他事物，塞涅卡对此的论述是，"必须关注与我们自己有直接关系的东西"。埃庇克泰德更是直接将人的存在定义为"负有关怀自身的使命的存在，这是与其他生物的根本区别"③。在埃庇克泰德那里，"关怀自身"不仅是一种特权的义务，还是神赋予的职责，它在强迫我们把自己当作一切关心的对象的同时，确保了我们的自由。④ 人只有在不停地关怀自身的过程中才能自救，因此，关怀自身是一生的事情。

在西方公元历史的前两个世纪中，"关怀自身"逐渐突破了政治与爱欲（Eros）的限制，变成为了自己而关怀自身。福柯将这个时间段称作"自我教养"和"关怀自身"的黄金时代。正是在这个时期里，"自我拯救"（sozein）成为哲学实践的目标。譬如在《阿西比亚德》中，柏拉图借苏格拉底与阿西比亚德之名，讨论了关怀自身与政治、教育学以及自我认识的关系，"自我的关怀"（epimeleia heautou），即被描述为一种根本性的框架，"认识自己"

---

① ［法］福柯：《主体解释学——法兰西学院演讲系列·1981—1982》，佘碧平译，上海人民出版社 2005 年版，第 10 页。
② ［法］福柯：《性史》，佘碧平译，上海人民出版社 2005 年版，第 60 页。
③ 同上书，第 60—61 页。
④ 同上书，第 332—333 页。

这条神谕正是在其中获得含义。

自身被确立为"关怀自身"的目标之后,产生了有关"转向自身"(ad se convertere)的观念,这是一种有关生存运动的观念,人们凭这个运动"返回到自身"(eis heauton epistrophein)。在这里,"返回"(epistrophe)可以被认为是一种典型的柏拉图式论题。在《阿西比亚德》中,灵魂据以转向自身的运动被描述成一个目光落在"上方"的、神圣的、本质上的运动,是一种诸本质能在其中得以显现的运动。在某种程度上,由塞涅卡、普鲁塔克(Plutarchus)和埃庇克泰德提出的转向是一个位置的转向,这种转向除了在自身边上、处在自身中和逗留在自身以外,并没有其他目的和界限。在被福柯称为黄金时期的年代里,"关怀自身"被认为是能够使自己成为一个转向自身的、完整的、关怀自身的主体的途径,因此也成了人一生的行为准则。"完整的主体必须转向他自己并关注他自己。"① 在"转向自身"的概念中,主体相对于自身的运动是一种实在的运动。同时,在此观念中还存在一个回归的问题,存在着一种主体向自身的变动,即主体的"回归自身"(福柯曾经分析了一种回归自身的隐喻,即航海术。)

在柏拉图那里,"关怀自身"被规定为"认识自己",这体现出一种古希腊思想典型的认识论倾向。这种自我的关怀并不只是一种短暂的、简单的生活准备,它更是一种生活形式。人应当关心自身,并在这个基础之上开始关心他人。不仅如此,人更是需要为了自身去关怀自身。在生命的长河中,人们应该为自身而生存,并将自身作为自己的目标。因此,主体真正的超越性就在于自身内在的实现,这种内在性可以通过希腊化及罗马时期哲学所倡导的"转向自身"等美学实践得以传达。福柯认为,"转向自身"的最终目的应当是确立起与自身的关系。

---

① [法]福柯:《主体解释学——法兰西学院演讲系列·1981—1982》,佘碧平译,上海人民出版社2005年版,第263页。

二 基督教时期的断裂性改造

从古希腊时期开始,到希腊化和罗马时代,再至漫长的中世纪时期,对于主体自身的认识以及生活态度,随着历史的推移逐渐发生着变化,其中一部分与自身相关的思想变化甚至是断裂性的。福柯认为,基督教以及近现代西方形成了一套迥异于古希腊的关于自身的思想,它对此前的生存美学进行了某种"断裂性"的改造。这种断裂性表现为,在古希腊和希腊化时期,人们主要学习以回忆和沉思的方式实现对自我的关怀;而到了基督教时期,这种生存美学逐渐被改造为一种以放弃自身来达到彼岸世界的方式。以前主要是停留于自身中的注视目光,现在则被否定,被移开。

古希腊罗马时代至基督教早期,被用来寻找具有美学性质的生活状态的手段主要是节制。此时倡导的节制并不是力图让个体服从某种规范,而是让人能够成为自己的主人。福柯认为,在前基督教时代,"照看自我"曾经是一项持久的实践(constant practice)。后来基督教推崇的禁欲主义中的"自我否定"(self-renunciation),则导致了"认识自我"最终取代"观照自我"的地位。一方面,"认识自我"逐渐成为贬斥自我的根本技术;另一方面,"观照自我"显得越来越不道德。

福柯还指出,在基督教思想全面覆盖欧洲的漫长时期,西方社会曾经出现并且存在着两种截然不同的"自我的技术",分别被称为身体忏悔(Exomologesis)和语言忏悔(Exagoreusis)。这两种自我忏悔的技术都是以自我抛弃作为主要目标,尤其以语言忏悔最为重要。正是从这时候开始,这两种自我的技术开始要求人们抛弃自我,而不再是古典时期的"关怀自身"。

从基督教时代开始,人们转而追求建立一种新的目标,即在不弃绝自我的情况下,使用言说技术,即语言忏悔,构建出一个新

"自我"的主体。这意味着，人的个体不再像古代社会认为的那样是一种伦理主体；与之相反，从基督教时代起，个体就开始转变为某种受制于伦理规范的主体，并因此成为一种与此前不同的知识的主体。从康德开始，西方近代哲学一直试图对自身进行批判反思。从康德到黑格尔，再到尼采、韦伯、胡塞尔、海德格尔，甚至到现代的法兰克福学派，都试图沿着这个方向对思想的基本问题进行拷问。福柯指出，正是康德总结了近代哲学的基本问题，并且把它归结为"今天的我们，究竟是谁"的问题。事实上，福柯并未满足这种存在论式的整体讨论，因此他从实践的角度出发，开始梳理欧洲历史中的"关怀自身"。

三 西方思想中的"转向自身"

在《主体解释学——法兰西学院演讲系列·1981—1982》中，福柯将在西方哲学历史上出现的"转向自身"，看作古代圣贤实践"关怀自身"的最终方式。其中有三个阶段的"转向自身"是具有代表性的，即柏拉图的"转向"（epistrophe）、希腊化罗马时期"自我实践"中的"转向"（se convertere ad se）、基督教时期的断裂式"转向"（metanoia）。

1. 柏拉图的"转向"（epistrophe）

柏拉图使用"epistrophe"来表示转向，福柯认为，这种"转向"事实上包含三个层次。

首先，"转向"意味着摆脱现象，离开变化的世界。

——苏格拉底：我们现在的论证说明，知识是每个人灵魂里都有的一种能力，而每个人用以学习的器官就像眼睛。

——整个身体不改变方向，眼睛是无法离开黑暗转向光明的。同样，作为整体的灵魂必须转离变化世界，直至它的"眼睛"得以正面观看实在，观看所有实在中最明亮者，即我们所说的善者。……教育就是使灵魂尽可能容易尽可能有效地转向的技艺，它

第三章 "自身"的美学

不是要在灵魂中创造视力,而是肯定灵魂本身的视力,但认为它不能正确地把握方向,或不是在看该看的方向,因而想方设法努力促使它转向。①

其次,"转向"是个体意识到自己的无知,并开始关怀自身。

——阿西比亚德:我自己都不知我说了什么。真的,也许是我长久以来一直生活在可耻的无知状态中,甚至连自己也没察觉到。

——苏格拉底:然而,振作起来,如果你五十岁才发现你的不足,那么就太迟了,那是关怀自身的时机已过,但你刚好处于发现你该做什么的年龄上。②

最后,个体的灵魂通过回忆(anamnesis)找回原本属于自身的知识和内容,灵魂不仅要摆脱身体的束缚,还要摆脱知识和回忆的禁锢,这才意味着自由,意味着最终回归理念和真理的存在。

——柏拉图:这原因在人类理智按照所谓"理式"去运用,从杂多的感觉出发,借思维反省,把它们统摄为整一的道理,这种反省作用是一种回忆(anamnesis),回忆到灵魂随神周游,凭高俯视我们凡人所认为真是存在的东西,举头望见永恒本体境界那时候所见到的一切。③

——柏拉图:所以灵魂是不死的,而且诞生过很多次,有时在这个世界上,有时在下界度过,见到过各样事情,没有什么东西不在它的经验之中。……因为整个自然是联成一气的,灵魂是经历过一切的,所以只要回忆到一样东西,即是人们所学到得一件事,就不免由此发现其余的一切,只要他是勇敢的、不懈于钻研的,因为钻研和学习无非就是回忆(anamnesis)。④

---

① 柏拉图:《理想国》,郭斌和、张竹明译,商务印书馆1986年版,第18页。
② 柏拉图:《阿尔喀比亚德》,梁中和译,华夏出版社2009年版,第127页。
③ 柏拉图:《柏拉图文艺对话集》,朱光潜译,人民文学出版社1963年版,第249页。
④ [美]克莱因:《柏拉图〈美诺〉疏证》,郭振华译,华夏出版社2011年版,第81页。

2. 希腊化罗马时期"自我实践"之中的"转向"（se convertere ad se）

在希腊化罗马时期，"自我实践"之中的"转向"与柏拉图式的"转向"是有差异性的。其中的一个主要区别在于，希腊化罗马时期的"转向"是在所谓"世界的内在性"中进行的，而且，这种"转向"并"不是发生在对我的身体的顿挫中，而是在自身对自身的一致中发生"①。这种行为的目的并不是让灵魂得到真正自由的真理存在，而是"确立自身对自身的完整的和充分的关系"②。因此，希腊化罗马时期的"转向自身"，并不是通过回忆和知识来达到的，"在这种'se convertere ad se'的过程中，主要的要素是练习、实践、训练和修习（askesis），而非知识。"③

3. 基督教时期的"转向"（metanoia）

福柯通过考察史料，对"metanoia"一词进行了深入解析。在希腊文学中，该词语的原本意义是指改变主意，然后才出现了后悔、内疚的含义。从3世纪开始，该词语开始被使用于基督教文学中，用以表达主体自身的洗心革面，否弃原来的自我并实现新生。在这个时期里，"转向"表现出与希腊化罗马时期截然不同的断裂性意义。

首先，"转向"（metanoia）表达的是一种裂变，并且是一种断裂式的过渡。这就意味着，要发生转向，就必须突然出现一种历史和"元历史"的事件，这种事件一下子就推翻并且改变了主体的存在方式。这种基督教式的转向旨在从一种存在到另一种存在、从生到死、从可朽到不朽、从黑暗到光明、从魔鬼的统治到上帝的统治等。这种"转向"可以说是对自身的否定与抛弃，与此前的"转

---

① ［法］福柯：《主体解释学——法兰西学院演讲系列·1981—1982》，佘碧平译，上海人民出版社2005年版，第202页。
② 同上。
③ 同上。

向"（se convertere ad se）有着根本的差异。"只有主体内部有了断裂，才可能发生转向。转向了的自身是一个否弃了他自己的自身，否弃自身、消亡自身、在另一个自身中以一种新形式再生，可以说，在这个新的自我的存在中，在其生存方式中，在其习性中，在其'气质'（ethos）中，均与先前的自我毫无共同之处，这构成了基督教转向的基本要素之一。"① 相比较而言，古希腊罗马时期的"转向自身"或者朝向自身的回归，并非否定或抛弃自身，而是为了实现与自身之间的完满关系，这也可以被视为两种"转向"，即"se convertere ad se"与"metanoia"的不同之处。

其次，这一时期的性艺术和性科学与真理之间的关系也存在着差异。"在性艺术中，真理是对享乐本身的直接领会，它与体验密切相关，而这种领会反过来是强化性的享乐。而在性科学中，真理不是与享乐联系在一起的，它针对的事实上是欲望，而其目的并不是为了强化享乐，而是一种知识的生产并借助这种知识来改造主体。"② 除此之外，基督教的自我技术其实并不是针对自我、身体或是性进行严格控制，基督教所推崇的控制的真正目标乃是思想和观念。对修道院中的僧侣们来说，最为根本的目标，"乃是要不停地控制他的种种思想，考查它们以便看到它们是否纯洁……纯洁在于揭示自我心中的真理，挫败自我呈现的幻象，压制精神中永远在生产着的观念和思想。"③

纵观西方社会的历史发展，古代人关心的是生存美学，人们追寻美好的生活，并通过实行节制以实现目标。现代人往往追寻欲望的真相，在与性相关联的话语中寻求自我的满足，并以此作为目标，发展出诸如心理学或性学等学术手段。福柯认为，前者相关伦

---

① ［法］福柯：《主体解释学——法兰西学院演讲系列·1981—1982》，余碧平译，上海人民出版社 2005 年版，第 203 页。
② Michel Foucault, *les mots et les choses*, Vol. Ⅲ, Paris: Gallimard, 1944, p. 104.
③ Ibid., p. 172.

理学问题，后者则是科学知识，这两者之间并不需要彼此产生关联。福柯之所以坚持写作《性史》，就是希望能够通过展示人们从古希腊至今对性的理解，从而寻找到现代人能够借鉴的东西，使主体在知识和权力的严密控制下，能够在伦理以及生存的意义上得到回归，最终使人们充满勇气，不断创造出属于自身的美好生活。从这个角度而言，福柯正是要求人们摆脱性科学的束缚，探索性爱的艺术，并追寻真正意义上的生存的艺术。

福柯一生关怀的基本问题，始终是人们自身的生活命运，他既要探讨有关主体自身的现状及其历史原因，又要寻求自身实现自由的审美生存的出路。为此，福柯不仅在思想理论上进行不断地探索，亦从自己的身体出发，追寻超越性的体验。在《主体解释学——法兰西学院演讲系列·1981—1982》中，福柯还建构起一套议论缜密的"修身讲座"，这个讲座的核心并非寄望于重新建构某种与"古典身体"同样完满的主体，而是在于激励跟随者在对古希腊时期以及希腊化罗马时期（即尚未出现断裂性主体的时期）的美学沉思中获取启示和力量。作为古希腊贵族青年学习统治技术的必修课程之一，对"关怀自身"的理解与实践，首先就是一种对自身身体的肯定。

第三节 身体的谱系学

人的存在，首先是人之身体的存在。审视身体的美学意义是在现代思想中被特别追问的。关于身体的研究在西方学界已有许多论著。譬如，道格拉斯（Mary Douglas）在1970年发表的文章《两种身体》（The Two Bodies）中，把身体分为生理的和社会的，并强调社会身体的重要性。[1] 约翰·奥尼尔（John O'neil）在《五种身体》

---

[1] Mary Douglas, "The Two Bodies", *The Natural Symbols*, London: Routledge, 2003.

(Five Bodies)一书中，也将身处现代社会之中的身体划分成了五种形态，即世界身体、社会身体、政治身体、消费身体和医学身体。[①] 亚瑟·弗兰克（Arthur W. Frank）的《重返身体视角：十年回顾》则把对于身体的研究归结为四类，即医学的身体、性的身体、规训的身体和说话的身体。[②] 由此不难看出，身体（body）与肉体（flesh）并不是轻易被画上等号的两种概念，身体只有被当作是生理医学的关注对象时，它才可能与肉体具有相同的意义。总之，身体是一个蕴含多层意义的概念，不局限某个自然体，并且随着时间的流逝，被文化和教育等因素影响并发生着改变。

彭富春就身体的问题提出："事实上，身体美学具有十分宽广的意义，它甚至可以被认为是伴随着美学自身的产生和发展的。但现代和后现代的身体美学具有独特的意义。它不只是关于身体的美学，也是从身体出发的美学。由此可以看出，身体美学的意义不是单一的，而是多重的。关于身体的美学和从身体出发的美学主要基于对身体自身的不同理解。"[③]

如果从哲学层面出发，讨论"身体"的起源，就必须回到笛卡尔和柏拉图式的身心二元论。柏拉图关注的重点在于如何使人的灵魂更完善，并且寻求能够使灵魂与理念得到合一的途径。柏拉图认为，完美的灵魂来自于求知，灵魂只有朝向唯一真实的来源，即理念，才能获得真正的知识，由此灵魂才能够摆脱肉体的束缚，回归真实的理念世界。因此，身体在柏拉图那里，就成了灵魂追求绝对理念路途上的障碍，灵魂因为"附上了一个尘世的肉体"而"葬在了这个叫作身体的坟墓里"[④]。

[①] John O'Nell, *Five Bodies*, New York: Cornell University, 1985.
[②] Arthur W. Frank, "Bringing Bodies Back in: A Decade Review", *Theory, Culture and Society*, 7, 1990.
[③] 彭富春：《身体美学的基本问题》，《中州学刊》2005年第3期。
[④] 柏拉图：《柏拉图文艺对话集》，朱光潜译，人民文学出版社1963年版，第126页。

与柏拉图类似，笛卡尔也指责身体是不能进行思考的存在，然而精神却与之相反，因为决定"我之为我"的正是能够进行思维的精神或灵魂。虽然笛卡尔并不否认身体"比其他任何物体都更真正、更紧密地属于我"①，身体是个体不可或缺的部分，但是在笛卡尔那里，身体仍然被视为灵魂的"铁镣"②。

这种对身体的理解是一种西方社会传统的观念，从柏拉图到笛卡尔，再到康德和黑格尔，他们都将身体作为与主体相分离的某种对象进行审视。他们推崇扬心抑身，以保持自身寻找真实理念的纯粹性。因此，在这种身心二元论的影响下，身体被认为是相对于灵魂而存在的肉体，阻碍了灵魂朝向最终目的的回归，于是，身体被认为是下等的、禁锢的、压抑的，因此是应该被遗弃的。

然而在19世纪，身体得到了被重新审视的机会。在叔本华（Arthur Schopenhauer）的意志论中，身体就能够代表意志，意志的每个活动都表现为身体的动作。他指出："身体的各部分必须完全和意志所由宣泄的主要欲望相契合，必须是欲望的可见的表出，而身体只是具体的意志的显现。"③ 因此，相对于精神，叔本华显然更关心身体的重要性，这是因为生命意志（der Wille Zum Leben）主要是以满足需要为目的，而各种需要是否得以满足，可以用身体来衡量。"人企图彻底认识的，首先是他欲求的对象，然后是获得对象的手段。"④

尼采对黑格尔主义的激烈批判，让身体地位的转变更加彻底。尼采干脆明确宣告："要以肉体为准绳。"⑤ 在尼采的世界观中，精

---

① ［法］笛卡尔：《第一哲学沉思集》，庞景仁译，商务印书馆1986年版，第80页。
② 同上书，第137页。
③ ［德］叔本华：《作为意志和表象的世界》，石冲白译，商务印书馆1982年版，第163页。
④ 同上书，第448—449页。
⑤ ［德］尼采：《权力意志》，张念生、凌素心译，商务印书馆1991年版，第152页。

神的发展过程无非是"一种更高级的肉体的形成史",而"我们认识自然的渴望乃是一种肉体想借以自我完善的手段"①。

随着20世纪现象学的出现及发展,通过对意识哲学的批判,身体逐渐重新获得了人们的重视,身体已不再是被视为低下的、应被排斥的对象。马赛尔·莫斯(Marcel Mauss)以及布尔迪厄(Pierre Bourdieu)等人都曾专注于消除身体和意识的对立关系,继而对身体和意识的关系重新提出反笛卡尔式的思考。

其中,梅洛-庞蒂提出的"知觉现象学",更加纯粹地将形而下的身体设置成为现象学分析的起点,并通过强调身体本身(body itself)、身体体验(bodily experience)、感知的时空性(spatiotemporal factors on perception)等概念,进而认为"我们所有的精神活动都受制于我们的身体特征",只有从身体的角度出发,才可能谈论对世界的感知。"我们是通过我们的身体存在于世界之中,并且……我们知觉到世界就在我们的身体里。"②

福柯在《知识考古学》中亦反复申明,那种笛卡尔式的"我思",那种决定论式的主体,那种内在的基础性的"作者"主体根本不存在,也根本无须考虑。这种对主体的轻蔑姿态,既是对《词与物》中虚构主体的回应,也是福柯的考古学方法论的实践。不过,在后来的《规训与惩罚》中,这个曾经遭到放逐的主体又回来了,当然,这个主体已不是人文主义意义上的主体,这个回归的主体乃是某种被动、臣服、温顺的主体,用福柯的话说,是"驯服的身体"(docile body)。

福柯对身体的概念做出的思考,很大程度上是受到尼采思想的影响。在1977年的《尼采·谱系学·历史学》(Nietzche, Genealo-

---

① [德]尼采:《权力意志》,张念生、凌素心译,商务印书馆1991年版,第682页。
② Maurice Merleau-Ponty, *Phenomenology of Perception*, translated by Donald A. Landes, London: Routledge, 1962, p. 206.

gy，History）一文中，福柯就多次提及"身体"一词，但他观察和审视身体的角度与传统的形而上学并不相同。传统形而上学注重的是事物起源的抽象性与纯粹性，旨在从历史之外为事物的本质寻求具有普适性的依据，也就是说，传统形而上学的目的之一就是为历史事件寻求形而上的根源。福柯的谱系学研究否认身处历史洪流之中的事物有任何所谓神圣或崇高的起源。对于历史，福柯更关心的是不断发生改变的事物内在的多元因素的交汇，以及历史发展的不连续性和偶然性。因此，从福柯的谱系学角度来看，历史并非某种庄严肃穆、严谨客观、有条不紊地运作的整体，而是类似于人的身体，它随时经历着此起彼伏并且无法预判的各种变化。

福柯考察的"身体"可以被看作某种历史客观事物的身体。"正是在出身这一范畴下，福柯开始系统介绍身体这一概念。"[①] 福柯认为，构成历史的事物之所以如此，各种原因都可以在该事物产生之前的某些事件中找到痕迹。而且，如果人们就某件事物之所以形成今日之形态进行追问的话，往往会发现，该事物的原本形态竟是出乎意料的。事件在发生之前，其实本身已经包含引发该事件的各种因素，这些因素往往是繁杂的，令人难以捕捉，这些复杂交错的因素最终导致事件的走向难以预料。

人类身体的发展史亦不外乎如此。处于事件当中的身体，同样带有各种过去的历史性经历的标记，这些标记在表达过去的同时，也默默地成为现在的身体形态的一部分。[②] 因此，在流逝的时光中发生着各种各样的事件，它们不断冲刷着身体，而身体也同时在相异力量的碰撞冲突中不断改变自身，从而呈现出与时俱变的新面孔。福柯对此这样描述："这个身体触及它的每一样东西（食物、

---

① ［英］斯科特·拉什：《谱系学与身体：福柯／德勒兹／尼采》，《福柯的面孔》，汪民安等编，文化艺术出版社2001年版，第418页。
② 李震：《福柯谱系学视野中的身体问题》，《求是学刊》2005年第2期。

气候以及土壤）就是出生的领地。这个身体显示了昔日的经验的烙印，并且也产生着欲望、失败和错误。这些因素也许会加入到身体中去，在这里获得一种突然的表现，但是，由于它们相遇经常是一场交战，影响会相互抵消，因此，这个身体在此就变成了它们难以克服的冲突的掩饰。"①

由于不同的地理环境和历史条件对人类身体产生了复杂影响，才使现代人的身体形态呈现出一种满载着历史印记的精彩面貌。因此，福柯一直坚持描述一种将身体建构成某种文化性的建筑物的体制。他认为，社会中发生的各种历史事件，在时间的洪流中逐渐造就了人的身体，而这些事件也同时在身体上得到显现。这种文化造就身体的观点，在女性主义学者苏珊·波尔多（Susan Bordo）那里也出现过类似的表述。她认为，身体就是一种象征形式，身体是被文化所规定的，而文化价值（如经济、政治、性的价值）对身体的要求和规定都刻画在身体上。因此，波尔多认为，身体实际上是被社会中的各种文化塑造出来的存在，并不是像传统所认为的那样，作为文化价值的起源。"任何一个存在于此的身体当然是自然给予的，是父母剩余和基因遗传的；但同时也是文化塑造的，是历史和社会的结果。因此，身体是自然与文化的双重产物，而且是一个始终更新的作品。"②

不过，如果将福柯理解的身体与尼采眼中的身体进行比较，就会发现，福柯与尼采的身体观是有差异的。尼采的身体对世界进行着主动的批判和衡量；福柯的身体则是被动地记录着各种历史性事件，并在过程中逐渐被驯服。福柯曾在《规训与惩罚》中讨论关于身体的两种"语域"的转变，即身体由"可认知的身体"逐渐过渡到"有用的身体"。简单来说，"可认知的身体"指

---

① [法]福柯：《尼采·谱系学·历史学》，《学术思想评论》第四辑，辽宁大学出版社1998年版，第387页。

② 彭富春：《哲学美学导论》，人民出版社2005年版，第136页。

的是社会中各种科学、哲学和美学对身体进行的诠释与再现，包括在人们日常生活中起到规范性指导作用的文化所指明的身体、美和健康的标准与尺度等观念。同时，人们也能够在生活中的各种实践规则与制度的形成过程中看到这种再现，正是通过这些规则和制度，使人的身体受到"训练、塑造，遵守并做出回应这些规则"，最终使身体逐步训练，改造成为适应社会的身体，即对社会"有用的身体"[①]。

福柯在一些文本中曾经明确质疑，身体是否真的存在某种"实质性"的属性，能够在某种意义上，将"身体"与建构起身体的特定社会意义的观念的或文化中分离开来。在《性史》第一卷，福柯就声称，"身体"是一个由富含争议的各种意义集合的场所；而"性"，通常我们会视之为生活最有激情的方面，它本身就是一个"想象的点"，是物质完全"投资"到思想之中的结果。福柯的谱系学"将通常认为属于人的不朽之物都置于一个发展过程之中"[②]，作为身处发展过程中的身体，并不能保证其稳定性，因为身体就是由"相当多的不同体制模塑出来的"。因此，福柯在《尼采·谱系学·历史学》中明确表示："人之中并没有什么——甚至在其身体之中也是一样，是完全稳定不变的，能够被设定为自我认识或是理解其他人的基础。"[③]

如果从美学的角度考虑身体，那么在称为感性学（Aesthetics）的美学视角下，更应当凸显身体的主题。因为身体自身就是感性的，而且是最感性的。但是，"美学是否真正地思考过身体呢？特别是思考过身体的美呢？"[④]

[①] ［法］福柯：《规训与惩罚》，刘北成、杨远婴译，三联书店1999年版，第136页。

[②] ［法］福柯：《尼采·谱系学·历史学》，《学术思想评论》第四辑，辽宁大学出版社1998年版，第391页。

[③] 同上书，第391—392页。

[④] 彭富春：《身体与身体美学》，《哲学研究》2004年第4期。

第四节　身体作为艺术创作的场所

波德莱尔美学的重要方面之一，即是对现代性的反思。这种反思映射的不仅是某个时代个体的精神历程或姿态，更是近现代以来的美学思想对身体经验的深入考察。波德莱尔就将自己的身体看作是一种需要被创造为艺术品的、具有审美价值的原材料。对他而言，身体并不能在现代性的内在指涉系统（the internally referential systems of modernity）之外活动。①

波德莱尔的作品清楚地表明，浪荡子的身体就是对自身进行反思活动的场所。这就意味着，在浪荡子的形成过程中，身体逐渐与各种天然的东西分离。这种分离在一些其他的浪荡主义艺术家的作品中也能够得以显现。譬如，王尔德（Oscar Wilde）就认为，"生命中的第一职责就是尽可能地成为人造的"。因此他得出的结论是："人要么应该变为一件艺术品，要么穿上一件艺术品。"② 波德莱尔指出，自然并不为人们提供伦理，"任何好的东西总是一件艺术品或技术品"。因此，在波德莱尔眼里，伦理和美一样，应该基于"美的秩序"（l'ordre de la beauté），而不是基于自然。③

在波德莱尔的笔下，浪荡子既是创造者，也是自己进行艺术创作的对象。他在自己的身体上进行的审美创造，是将他的艺术变为一种生存的艺术，将他的风格变为一种个人的生活风格。④ 而且，

---

① Anthony Giddens, *Modernity and Self-Identity: Self and Society in the Late Modern Age*, Cambridge: Polity Press, 1991, p. 7.
② Oscar Wilde, *Phrases and Philosophies for the Use of the Young*, *Strangeness and Beauty: An Anthology of Aesthetic Criticism* 1840 – 1910, Vol. 2, edited by Eric Warner and Graham Hough, Cambridge: Cambridge University Press, 1983/1894, pp. 156 – 157.
③ Charles Baudelaire, *écrits sur l'art*, edited by Francis Moulinat, Paris: Le Livre de Poche, 1999, p. 542.
④ Jean-Pierre Saidah, *Le dandysme: Continuité et rupture*, *L'Honnete homme et le dandy*, edited by Alain Montandon, Tübingen: Gunter Narr Verlag, 1993, p. 145.

浪荡子追求的幸福，首先就表现在他自己的身体上，即由自然的美的身体转变为被创造出的艺术品。

与希腊罗马时期的文化类似，这种现代的幸福观亦要求某种个体的审美节制，而这种"对自身的控制"可以在19世纪找到样本。譬如，19世纪的浪荡子对纤瘦的身材非常狂热，并且要穿那种能将身体勒得非常紧的塑身衣。当时著名的浪荡子巴贝·多雷维利（Barbey d'Aurevilly）曾经对波德莱尔说："如果去参加礼拜，我会爆炸的！"（Si je communiais, j'éclaterais）[①] 因此，这些19世纪的审美标准，首先就是一种对身体外观的自我陶醉式的创造活动。吉登斯（Anthony Giddens）提出，这种对个体的个性和身体的审美修养的现代意义，从更深层次的角度来说，是一种积极的、对于身体的创造和控制。[②]

除此之外，现代性的另一个典型特征就是对身体的性别特征的创造。人们能够在波德莱尔对浪荡子雌雄莫辨的性别描述中找到这种特征，这也代表了一种差异的和差别化的文化。浪荡子通过将带有性别的身体进行自我把控，使身体成为一种重新进行审美创造的场所。在此意义上，这种对于自身的审美，就成为考察现代与我们自身之间界限的基础以及最重要的方式。同时，对于自身的审美不仅是个体的生活方式，也是个体在时代与社会中持有的哲学、伦理和政治态度。

从波德莱尔所在的19世纪发展到今天，"身体"正逐步成为艺术的核心词之一，尤其是随着行为艺术、交互艺术等当代艺术形式的兴起，艺术家通过身体这一媒介进行观念诠释，折射出文化、政治、伦理层面的问题，成为大众讨论的热点。根据艺术批评家哈罗

[①] Barbey d'Aurevilly, *Du Dandysme & de George Brummel*, edited by M. C Natta, Éditions Plein Chant, 1989, p. 12.

[②] Anthony Giddens, *Modernity and Self-Identity: Self and Society in the Late Modern Age*, Cambridge: Polity Press, 1991, p. 7.

德·罗森博格（Harold Rosenberg）的观点，实质上的行为艺术诞生于20世纪中期的西方当代艺术进程，当时的抽表艺术和行动绘画在时间上先于激浪派、偶发和行为艺术。而20世纪40至50年代的行动绘画已然赋予了艺术家们表演的自由，这种绘画过程正是艺术家在工作室中的行为踪迹。从社会发展的角度来看，50年代正是工业设计、形式主义和抽象表现主义占领市场的时期，年轻一代的艺术家需要寻找更新的艺术表达方式。其后，西方社会在60年代开始掀起学生活动、社会革命以及性解放运动，随之升起的还有情景国际主义、激浪派以及装置和观念艺术的创作热潮，敏感的艺术家开始从私密的工作室走向街头，对公众表达自己的观念。加上电视在此时期的深度普及，以及随后出现的便携式录像机等技术的革新，以身体作为主要媒介的行为及表演艺术，作为一种不可复制的、不可再现的偶发性艺术，便开始产生出强大的传播能力，具有广泛的社会影响力。

1968年以后，行为艺术家的创作活动，开始越来越频繁地反映出当时人们对于哲学、文化及政治的批判与反思。譬如芭芭拉·史密斯（Barbara Smith）在1969年关于女性主义身体的作品《仪式性膳食》（Ritual Meal）以及其后的一系列行为艺术作品中，就通过身体行为的方式，挑战正统的艺术形式和文化规范。

20世纪70年代末，德里达（Jacques Derrida）针对西方哲学传统，即"在场（presence）的形而上学"，提出了去中心化的思想，为当代艺术中的身体提供了理论支持。以身体为中心的行为艺术，代表着身体的"在场"，这种行为艺术能够超越所有的符号、象征、寓意的渴望，直接进入事物的本质。

福柯通过谱系学的视角，看见一种被历史打上各种印记的身体，即"被规范的身体（disciplined body）"。身体作为各种事件的承受者与记录者，不断被各种事件改造和拆分，因此映射出社会建构以及运作系统权力网络的方式。与福柯的生存美学理论相呼应，大量的艺术家以身体作为艺术媒介，反抗性别、种族、国家等传统规范和社会制度对人的压抑和束缚，通过身体来揭示社会的权力机制。

德勒兹（Gilles Deleuze）曾经批判资本主义对社会场的破坏，认为资本主义使人沦落为"欲望机器"和技术或社会机器的产物，即"无器官的身体（body without organ）"。1972年，德勒兹与加塔里（Félix Guattari）在《反俄狄浦斯、资本主义和精神分裂症》（*L'anti-Oedipe，Capitalisme et Schizophrénie*）中，提出了以身体对抗资本主义体制的策略。弗朗西斯·培根（Francis Bacon）的"试图把某种情绪形象化"的扭曲、变形和模糊的绘画作品，被德勒兹作为实例，阐释其对抗社会体制压抑和控制的身体策略。

从20世纪80年代末开始，当代艺术的理论和实践再次聚焦于身体艺术，当时的作品中常出现各种神经质的、破碎的、非理想化的身体，由此表达出人的身体与生命的真实与脆弱。此外，亦有艺术家利用身体的图像及隐喻进行创作，譬如朱迪·芝加哥（Judy Chicago）就在装置作品《晚宴》（The Dinner Party）中，使用女性身体的象征符号进行性别主义的艺术化表达；罗伯特·梅普勒索普（Robert Mapplethorpe）则通过拍摄花朵与人体的图片，引导观者对被主流忽略的男性美以及同性恋等现象进行重新审视，并表达身体自由的渴望。当代艺术实践和理论朝向身体的重新转向，意味着曾经与代表真实的灵魂对立的身体，正在成为生命的真正核心。而这种对自我的关怀重新成为现代人的首要任务。

第五节　关怀自身

"关怀自身"一词是对希腊文 epimeleia heautou 的翻译，拉丁文为 cura sui，法文则为 le souci de soi。这个概念实际上应该有三重含义。第一，关怀自身是一种一般性的态度，是关于立身处世、行为

第三章 "自身"的美学

举止、与他人交往的方式等问题的态度,即一种关于自身、关于他人、关于世界的态度。第二,关怀自身是某种注意和观看的方式,包含有改变某人注意力的意思,并且是将注意力由外转向"内",这就带有监督所思和所想的意味。第三,"关怀"(epimeleia)不仅是指这种一般态度,或这种把注意力转向自己的方式,它往往指某些自身训练的活动,人通过它们控制自己,改变自己,净化自己和改头换面。①

通过梳理,福柯归纳了"关怀自身"在希腊时代的必要性,其理由包括当时教育的缺陷、政治权力的运用以及美少年之爱。在这个时期,"关怀自身"针对的人群是青年贵族,目的在于引导他们恰当地使用权力和认识自己。随后,"关怀自身"在希腊化罗马时期得到了普遍化发展,进而拓展为一种历史现象,具体表现在三个层面上。第一,对于个体而言,关怀自身不再局限在青少年时期,而是需要付出整个人生来实践关怀自身。第二,关怀自身的范围被拓展开来,它不再局限于精英的年轻贵族阶层,而是一个普遍无条件的律令,不论出身如何,任何人都应该关怀自身,应该为了自己而关怀自身。第三,关怀自身的最终及普遍形式已经不再禁锢于认识自己,而是延伸出许多"自我实践"(le pratique de soi)的活动,其目的则在于追寻超越性的美好生活。因此,"关怀自身"这一古老命题在此突破了原有的界限,并与"生存技艺"(tekhne tou biou)具体结合起来,"它是关怀自身的历史上一个真正的黄金时代,关怀自身既被理解为概念,又被当作实践和制度"②。因此,福柯将这个时期称为"自我教养"(la culture de soi)的时代,因为其与"自我"密切相关,并且对主体的历史十分重要。"总之,我们的结论是与自身的关系

---

① [法]福柯:《主体解释学——法兰西学院演讲系列·1981—1982》,佘碧平译,上海人民出版社2005年版,第12页。
② 同上书,第79页。

从此成了自我实践的目标。"①

福柯谈道："这个自我表现为一种普遍价值，但是其实只有某些人才能达到；只有在某些规范的、严格的和献身的行为的条件下，这个自我才能作为价值达到；最后，这种通向自我的路径是与某些结构和自反性较好的技术和实践相关的，而且也与一种理论领域、一整套实际上属于某种认知方式的概念相关的。总之，这一切让我们可以说，从希腊化时期开始，发展出了一种自我教养。而且，我认为，如果不把主体性的历史纳入这种自我教养的范畴内，那么就无法写出主体性的历史、主体与真理的关系史。"②

在福柯那里，"关怀自身"具有一种普遍的和无条件的形式。他在手稿中指出："这种长期的修身，这种所有作者都说多么长和多么辛苦的修养，不是要分裂主体，而是将主体和他自己联系起来，这不是针对其他人的，而是针对他自身，而且与自己的关系是无条件的和以自身为目的的。……我们应该理解为关怀自身的原则已经控制了一个相当广的范围：必须关怀自身的戒条已经成了不同学说中流行的一个律令。它还表现为一种态度、一种行为方式，充满了各种生存方式。它在人们反思、阐述、完善和教育的各种步骤、修行和养生法中得到了发展，因此，它成为一种社会实践，引发了个人之间的互动关系，引发了交换和交流，有时甚至是各种机构。最后，它还引发了一种认识方式和一种知识的确定。"③

从整体的谱系学研究结构出发，福柯关注的核心问题是"致力于研究人把他自己转变成主体的方式"④。福柯在性领域进行的考察，正是对此问题的集中探讨，其中最频繁涉及的乃是自我关怀的问题。实际上，福柯的美学思想最核心的部分就是生存美学，而生

---

① ［法］福柯：《主体解释学——法兰西学院演讲系列·1981—1982》，佘碧平译，上海人民出版社2005年版，第123页。
② 同上书，第173页。
③ ［法］福柯：《性史》，佘碧平译，上海人民出版社2005年版，第59页。
④ Michel Foucault, *les mots et les choses*, Vol. Ⅲ, Paris: Gallimard, 1944, p. 383.

存美学的中心词就是"关怀自身"(le souci de soi)。

高宣扬在《福柯的生存美学的基本意义》中提出:"自身(le soi),在古代的文化中,是一个独立的生命体,是一切生存活动的中心,是决定生存方向和方式的中坚力量。自身在其生命活动中,只以他独立的快乐需要、幸福欲望和审美愉悦作为其思想和行为的指导原则和出发点。自身是生命的灵魂和基础,它自然地随生活环境以及内在欲望的驱动而不断发生变化。自身从来不知道什么是它必须'符合'的'标准'。正因为这样,自身也是最自由的生命单位,又是最活跃和最灵活的创造源泉。"①

福柯早期的研究目标在于揭示造成"我们自身"现状的原因,以及造成这种现状的历史性细节,但其后转向对性史、自身的技术以及生存美学问题的研究,并尝试探寻一条能够解决人们自身现状的出路。福柯坚信,生存美学就是引导个体自身走出困境,并促使个体开创属于自身的生活的实践原则。

在福柯看来,古希腊和罗马式的道德与后来的以要求对教义及上帝意愿原则性服从为中心的基督教道德存在根本的不同。与基督教时代相反,古代社会的道德中心在于将人们的生活塑造成一种个人艺术,这是一种实践性的自由风格的道德艺术。"从古代到基督教,我们实际上是从寻求个人伦理的道德过渡到作为对法则体系服从的道德。"②

福柯在《性史》中非常细致地研究了古代社会中"关怀自身"这一概念的形成原因以及发展脉络,并且在根据福柯从1981年至1982年在法兰西学院的授课内容整理而成的《主体解释学——法兰西学院演讲系列·1981—1982》中,亦有对"关怀自身"的详细阐述。对福柯来说,"关怀自身"或"自我的关怀"并不仅是德

---

① 高宣扬:《福柯的生存美学的基本意义》,《同济大学学报》(社会科学版)2005年第1期。

② Michel Foucault, *les mots et les choses*, Vol. Ⅳ, Paris: Gallimard, 1944, p.732.

尔斐的神谕"认识你自己",更意味着许多哲学实践。在柏拉图那里,"认识自己"其实更是"关心你自己"这一普遍性和根本性的律令的某个要素或者形式。

不仅如此,"关怀自身"并非只是指向自身的生存理念,而是积极地与外部世界构建联系的重要手段。如果从具体的角度展开分析,那么"关怀自身"与"关心他人"之间主要包含三种关系。

第一种关系可以被理解为目的关系。个体在关怀自身的过程中逐渐体会到关心他人的方法。因此,"关怀自身"与"关心他人"之间具有目的的关联关系,这就意味着,对自身实施关怀的实践,能够引导个体转向对他者的关怀。

第二种关系可以被描述为一种相互性关系。这是因为,通过对自身的关怀,个体就会对自身从属的城邦或社会完成一件好的事情。如果这个城邦中的每一个个体都学会对自身进行关怀,而个体集合成为该城邦的共同体,那么反过来,个体也将会从城邦集体的增益和整体社会的强大中受益。所以,个体对自我的关怀实践是能够获得幸福的保证。也就是说,每个人通过"关怀自身"的实践来促进社会的安定与强大,个体亦能通过这一实践带来的影响拯救自身。这种循环在柏拉图的《理想国》中得到了明晰的呈现。

最后,个体的"关怀自身"与"关心他人"之间的第三种关系,被福柯称为一种"主要蕴含"的关系。柏拉图以及新柏拉图主义者相信,灵魂正是通过"关怀自身"并实行"净化自身",才能发现并意识到"自己是什么"和"自己知道什么",后者实际上就是灵魂本来一直知道的东西。因此,灵魂通过"关怀自身",才能洞见自身的存在以及与此相关的一切知识,其中亦包括指向他者的关怀,最终直达对于真理的沉思。

针对古代社会的"关怀自身"与关心他人,福柯指出,这种相互关联的模式实际上在柏拉图之后逐渐发生了改变,最终,对自我的关怀转变成为一种完全自足的目的,而不再是某种可以转向他者的事情。在此,"自身"成为"关怀自身"唯一的确定目标。并且,这种"关怀自身"的实践活动也不再应当被认为单纯是关心他人而为。因此,后来的"关怀自身"是一种只以自身为中心的,并且只在自身之中的活动,就是将自身抽象化为关心的对象,以自身为目的的活动,并且以通过修炼自身而达到自身的圆满作为最终结果。

福柯在后期的研究中,一直试图把握这种"关怀自身"的理念,古希腊罗马时期的历史档案为其提供了有效的考察途径。"如果说我对古代感兴趣的话,这是因为,由于整个一系列的原因,作为对法则规范的服从的道德观念现在正在正趋消失,甚至已经消失。对一种生存美学的道德的寻求回应着也应该回应这种道德的缺失。"① 福柯坚信,这种对历史进行回顾清理的谱系学视野,能够为现代人提供新的生存美学的启示。

---

① Michel Foucault, *les mots et les choses*, Vol. Ⅳ. Paris: Gallimard, 1944, p. 177.

第四章 "自身"与生存美学

第一节 福柯与生存美学

从 1976 年开始，福柯将研究的重心转向了对性史的梳理和探索，后者正是构成西方思想中人的主体身份与地位的最为核心的问题。福柯将这段时期研究的整体内容定义为"关于我们自身的历史本体论"，而他主要寻求的目标是，在整个西方社会和历史文化的背景之下，统治者（或权力）是如何使得每一个个体顺从地规训自身，从而使个体在各种社会生活和文化活动中，都能意识到并且接受统治者（或权力）对个体提出的要求和规范。最终在个体生活的实践中，按照社会提供的标准化规范，约束并塑造出那个"主体化"的自我。

在这一探寻过程中，福柯选择将焦点聚集在社会传统道德中最具禁忌性并且也最为虚伪的问题，即性（sexuality）。通过不断阐明其发展的历史真相，向人们揭示出基督教的道德观念及价值观对性造成的压制、扭曲与诬蔑。这正是一种有关"我们自身的历史存在论"（l'ontologie historique de nous-mêmes）的研究，其目的在于，引导人们认识并摆脱过去各种权力强加在个体自身的束缚，进而重新创建绝对自由的个体自身。福柯甚至试图从西方古代社会中发掘出真正的美的生活理念以及实践技术，并鼓励人们通过不断超越自身，找寻到属于真正自我的生存美学（aesthetics of existence）。

关于福柯晚期致力研究生存美学的原因，高宣扬认为，"在福柯的早期和中期所尝试分析和讨论的一系列问题的背后，实际上隐含着福柯努力'逾越'启蒙以来所通行的思想、行为和生活模式的尝试及强烈意愿。他探索这些问题的实际意图是很明确的，那就是使'我们自身'真正恢复成为原本的'我们自身'，反对一切来自我们自身以外的各种规范法制体系对个体自身的干预、宰制、规训和控制，因而由人们自己凭借自身的审美愉悦欲望，实现自己所愿意实行的思想、行为和生活。而福柯在晚期把这样的'关怀自身的生存方式'，称为生活技艺、生活艺术、生存艺术或生存美学。"① 因此，福柯的"生存美学"，就是对在细微处不断发生改变的历史进行探究从而孕育出的智慧结晶。

从20世纪70年代后期开始，福柯越来越多地表现出对生存美学的迷恋，这种美学其实是一种取决于个体风格的、追求生活意义的自我节制和自我修行的途径。福柯提出，中世纪基督徒施行自我克制的关键理念在于，通过放弃享乐可以使自我禁欲达到顶峰。与之相反，在古代社会中，对自我的关爱更加集中体现在对"美好生活的选择"之中。因此，所谓的"自我管理"以及"自主性的目标"，从根本上来说，就是美学意义上的一种追寻和追求，积极享受生活才是个体应当持有的最终目的。

福柯创造性地将古希腊罗马美学中有关自我培养的理念与波德莱尔和尼采找寻现代维度下真正自我的思想融为一体。波德莱尔推崇的那种将自己改造成为真正艺术品的浪荡子精神，成为福柯宣扬个体自我实现的参照模板，而这也与尼采在《快乐的科学》（*The Gay Science*）中提出的观点相吻合，即要让自己的性格具有特点，成为一个伟大而罕见的艺术。福柯对这种生存美学充满了激情。"给我留下深刻印象的是，我们的社会艺术已经成为与物体而不是

---

① 高宣扬：《福柯的生存美学的基本意义》，《同济大学学报》（社会科学版）2005年第1期。

与个人或者生活有关的东西,但是每个人的生活难道不能成为艺术品吗?为什么一盏灯或者一所房子可以成为艺术品,而我们的生活就不能呢?"①

第二节 生命的自我治理

在当代思想世界中,以福柯为代表的新自由主义提出了一系列有关社会重建的建议,将生活方式的问题、生命的权力以及生物权力(bio-power)等问题重新提上了议程,并在社会中引发出一系列深远变化。在《安全、领土与人口》(*Security, Territory, Population*)一书中,福柯描述了牧领的权力和关系正常化的博弈过程,即生命政治(bio-politics)朝向一种"重组的生物权力"的过渡,在这种重组的生物权力中,主体和权力的问题越来越多地受到关于生命自身的概念的影响。

萨科尔(Eugene Thacker)提出,生命政治不应当只是在人口或个人的身体中去理解,而是应当在一种对"生命本身"的"治理"层面进行把握,这也标示着一种对于生命的重新概念化的理解。② 萨科尔认为,生物(bio)一词应当同时具有时间层面和法律层面的意义,权力(power)则分别以不同方式,适用于这些不同的层面。

福柯提出的"治理术"(governmentality),是其在经过深入思考之后,于整体思想框架中发展出来的一种全新概念,因此它也是福柯究其一生思考生命应当如何的终结点之一。在福柯对此概念展开的论述中,人们能够捕捉到他早期给予相当关注的(譬如权力与

---

① [法]迪迪埃·埃里蓬:《权力与反抗——米歇尔·福柯传》,谢强、马月译,北京大学出版社1997年版,第374页。
② Eugene Thacker, "The Shadow of Atheology", *Theory Culture & Society*, 2009, 26(6), pp. 134–152.

知识、性以及知识考古学等)概念的影子,而福柯对于"治理"的研究则集中了此前研究的精华。

福柯指出,"被他人治理",实际上对应的是一种消极意义上的主体观。这是因为,人们在历史中总是"被治理",与此相关的问题无非是"在个体与群体层面上,我们是如何被治理的;我们是否希望在这种或那种条件下、以这种或那种程度、被以这种或那种方式治理"①。与被他人治理不同,"自我治理"则表达出一种积极讨论这个关键问题的态度。

福柯将人们被他人治理的种种现象公布于众之后,继而抛出另一个挑战性的问题,即"我们如何进行自我治理"。这个问题的预设是,在福柯的观念中,主体的自我治理与自我建构是可能的。福柯在此前对权力、知识以及规训等问题的论述中,已经做出了解释。尽管如此,在现实生活中,主体的自我构建仍是需要智慧和勇气的,亦是充满危险的,如果个体要像福柯提议的那样,将生活本身塑造成为一件艺术品,必须付出极大的努力。在这条追求生活自由的美学道路上,个体需要时刻对来自各个层面的权力对自身进行的压制、规训和塑造保持警惕并予以反抗,无论对谁来说,这都将是一项充满挑战的生存任务。

第三节 生存美学的意义

从整体上看,福柯的作品最终组成了一个完整的圆圈。他认为,古希腊人的生活模式追寻一种"生存的艺术",在这种生存艺术的指引下,个体通过自愿性的实践与反思活动,确定了自身的各种行为规则,以自身的意愿改变自我,成为属于自我的独特存在。所谓自我实践的各种过程,其实是为了让个体成为生活美

---

① Nader N. Chokr, *Unlearning Or How NOT to Be Governed?* UK: Societies Imprint Academic, 2009, p. 5.

的创造者。具体而言，福柯提出的生存美学具有以下三个方面的特征。

首先，生存美学属于个体的生存实践范畴，它亦是一种行为道德。福柯指出，人们在生活中应当对行为和道德法规进行区分。① 事实上，这种生存美学指向的道德，与人们在传统意义上理解的道德是有差异的。一般而言的道德，其实是一种能够从上而下规定个体行为价值和规则的"规范性道德"，这种规范性道德通过家庭、教育机构、教会等传播途径，将相关内容和标准传达给个体，并督促人们遵守规范，这种道德是一种为大众普遍理解的道德。福柯的生存美学则指明，道德可能包含另一种意义，它直接相关于个体的修身实践，并且这种道德主要在人的行为实践中得到体现。这种行为性道德主要考察的是个体行为与道德准则是否相符，检查行为是否遵守或背叛对应的道德。由此，这种行为性的道德与传统的道德准则之间的差异主要在于，前者主要来自个体内在的主动的道德约束，后者则被动地受制于外部社会的规范框架。

通过梳理史料，福柯提出，古希腊罗马时期的社会基本不存在普适性的道德准则和行为规范。此时的社会尚未发展出严厉的法律，要求个体遵守任何具有强制性的道德规范，并且，社会中也很少有针对违反道德而进行的惩罚记录。在此时期，人们更加注重基于个体的道德行为和伦理观。在福柯的研究中，尤其提到古代社会对性问题的态度。他指出，希腊社会并没有特别强调各种禁忌的正当性，而是宽容地放任各种有关性的问题，提倡自由风格化，从而让个体在与自身相关的活动中进行自由的道德反思。这类反思活动的主要方式是，从关心自身的身体出发，找出最适合自身的适度的快感享用方式，这也是福柯所推崇的养生法。因此，这种道德反思

---

① ［美］L. 德赖弗斯、保罗·拉比诺：《超越结构主义与解释学》，张建超、张静译，光明日报出版社1992年版，第306页。

就是一种自我的修行，并鼓励个体通过养生法追寻健康，归根到底，这种实践态度与行为就是一种美的生活的艺术。

尽管西方社会曾经存在丰富的自我实践的美学经验，但是，这种生存艺术经过了中世纪的洗礼，被宗教思想的规范权力压制，再经过文化、医学、心理学的漫长改造，最终产生了断裂性的扭曲和转变。因此，原本充满生气的"生活的艺术"，逐渐丧失了主体内在的主动性，而社会主导性的道德模式，亦由崇尚自由的行为性道德，转变成为压制与禁忌的规范性道德。福柯正是从历史的角度出发，通过向人们描述出社会道德本来具有的活力，揭示它遭受的各种迫害直至消失的过程，从而引导人们重新思考最初那充满艺术性的生存美学的意义，并鼓励个体通过持续不断的自我修炼，找寻属于自身的真正的美的生活。

其次，福柯提出的生存美学，关注的是个体与自身之间的关系，这种美学并没有特别强调个体与某个社会的关系。因此，生存美学注重的乃是个人内在的观照与修炼。换句话说，生存美学关心的是在各种实践行为中的那个自我，即某种独立的并且在实践中不断得到改变的个体。

福柯指出，对于"自我"的发现，应当被理解为人类在对"人"的探索之后的又一项重要成就。在对"自我"的解释和看法上，不同时期的思想家有不同的见解。在福柯那里，"自我"被理解为一种"被建构"的自我。早在《词与物》中，福柯就对人的概念提出了独到的解释："对于人类知识来说，人既不是最古老的问题也不是最常见的问题。仅就一个有限的领域中一段较短的历史实例——16世纪以来的欧洲文化而言，我们可以确定，人是其中一个较近的发明。知识在黑夜中很长时间并不是围绕着他及其秘密徘徊。……正如我们思想考古学很容易证明的，人是一个近期的发明。而且，他或许正在接近其终结。如果说以前那些知识格局既然会出现也必然会消失……那么我们可以断言，人将会像海边沙滩上画的一副面孔一样被抹掉。"① 这段话就是福柯著名的"人之死"口号的出处，正是在这里，福柯指出，"人是被知识建构起来的"。

如果说人是知识建构的产物，人在社会中生活，随着知识的不断推进而发生改变，那么，由"过去的知识"构造起来的"过去的人"，亦可以并且应当被宣告死亡。在福柯之前，尼采就已经发出过"上帝死了"的呼喊。福柯在《词与物》一书中谈道，所谓的"人之死"，其实正是宣告了杀死上帝的"人"的死亡。这是因为，既然人杀死了上帝，那么失去依靠之后的人就不得不直接面对自身的有限性，譬如死亡和疯癫。从生存美学的理论角度而言，主体既然是被构建起来的，那么个体之间由于知识环境和接受程度的不同而造成的差异性，必须给予足够的重视。每个个体拥有的都是具体的、因人而异的、并非普遍同一的自我。因此，成熟的个体必须具有独立的启蒙态度与自律的精神。事实上，唯有如此，个体才能通过生存美学实践，不断发展和改变自己，并追求属于自己的美好生活。

福柯通过生存美学进行讨论的这种个体与自身的关系问题，还可以延伸出另一层伦理学的意义，这并非传统意义上的认识关系。福柯从关于自身的美学问题出发，尝试塑造一种新的伦理主体，这正是一种美学化的主体。在历史上，这种主体曾经得到过艺术家和思想家的大力推崇，而波德莱尔作品中的灵魂人物——浪荡子，便是其中的经典范例。福柯倡导的个体生活的美学目标，就在于个体主动地改变自身，从而将个体的生活塑造成为一种具有美学价值的风格化的艺术作品。在这种美学意韵浓厚的生活中，道德是诗，是美学标准，更是一种生存的艺术。

近代以来，许多西方思想家都曾经讨论艺术对人的重要影响，并呼吁重视审美作用。康德曾经深入探讨审美与道德的关系，并将

---

① Michel Foucault, *The Order of Things: An Archaeology of the Human Sciences*, New York: Vintage Random House, 1973, pp. 386–387.

美和善的概念范畴做出区分。在康德那里，审美判断是一种非利害的形式，不涉及概念和欲望，因此审美活动区别于一般的道德活动。席勒继承了康德先验哲学的立场，但更注意艺术和美学的教育功能，他认为，审美连接感性与理性，因此是沟通认识和伦理的唯一桥梁。在尼采那里，艺术被赋予了最高价值。尼采认为，艺术并不仅仅是一种用来弥补感性与理性的分裂的活动，人们应当将其作为评判一切的尺度。尼采向世人喊出"上帝死了"，取代上帝的正是酒神狄俄尼索斯。在尼采眼中，酒神是世界的艺术家，他将整个宇宙作为艺术创作的素材，不断地打破和重塑。人类作为酒神的艺术作品，每一个个体都可以参与这种审美游戏。尼采强调，"醉境"就是人生的最高肯定状态，在这种状态中，万物浑然一体，个体融入万物之中，与世界合一，并感受到一种永恒的创造，即"形而上的慰藉"。尼采甚至相信，艺术的价值比真理更高。艺术是满足生命需要的一种方式，即"艺术是生命的最高使命和生命本来的形而上活动"[①]。在此，艺术就是生命本身固有的活动，它出自人类生存和生活的需要，因此就是意志本体的本源性的创造性活动。由此，艺术代替了宗教而成为人类新的精神支柱，审美则负责为人们提供新的道德标准。在尼采设定的标准中，生命力强的即是美和道德的，美化是意志得到胜利的标志，强力意志是美的原则，也是生命上升的标准。因此，拥有强力意志的主体，就是艺术创造的主体，亦是将生命变得有意义的人。

福柯关于生存美学的理论明显受到尼采思想的影响，但是福柯的思想体现出一种更加倾向于日常生活的美学实践态度。这种生存美学的对象，实际上就是人的生存，福柯关注的核心是个体如何自主地建立起风格化的生活。

最后，福柯的生存美学提倡以适当的"自我技术"作为手段。

---

① 李醒尘：《西方美学史教程》，北京大学出版社2005年版，第321页。

福柯认为，这种自我的技术，就是"允许个体以自己的方式或通过他人的帮助，对自己的身体、心灵、思想、行为、生存方式施加影响，以改变自己，达到某种快乐、纯洁、智慧、美好、不朽的状态"①。因此，福柯推崇的是一种个体通过自由选择，将自身纳入不断改造和自我完善的生命过程，从而实现个体风格化的存在方式。

通过对历史资料的研究，福柯认为，古希腊人的生存美学和道德关注，事实上与性和快感有着密切联系。这种生存美学通过实践技术影响着希腊人的日常生活，并对道德以及伦理学领域产生影响，"希腊人将享受快感的方式视作伦理问题"②。正是在性的领域，自我技术得到了最完整的体现，生活美学也由此在道德和伦理学意义上获得完满。

在古希腊时期，有关性的问题仍处于一种相对自由的状态。但是，古希腊人并没有滥用这种自由，而是通过自我节制等技术进行自我关怀，积极调控自身的生活状态。当时的人们认为，性行为与饮食一样，属于正常的生活行为，性并不是如同后来人们认为的那样是一种罪恶，带有原始堕落的标注。古希腊人对性的关注，仍然是一种基于自然需求的道德关注，因此在这方面，个体需要学习和掌握的就是如何正确地面对这种生理需求，以及如何保证个体对性做出恰当的管理。这种自我的技术意味着，人作为自身的主体，做出主动自由的选择。因此，福柯推崇的这种生存美学，实际正是一种自由的艺术。这种关注性的问题的伦理学，就是鼓励自我控制和实践自身技术的伦理学，而所谓生存的艺术，就是这种积极追求自我技术的艺术。

---

① Michel Foucault, *Ethics: Subjectivity and Truth*, edited by Paul Rabinow, New York: The New Press, 1997, p. 225.
② Foucault. *The Use of Pleasure. The History of Sexuality*. Vol. II, London: Penguin, 1998, p. 36.

生存美学的意义就在于，它向人们展示出审美超越活动的重要性，而个体也只有在这种超越中，才能够达到最高的自由。因此，美即是具有实践智慧的人自身，在其艺术般的生活技巧和特殊风格中造就和体现出来，又是在关怀自身的延绵不断的历程中，一再更新的自由生活。①

---

① 高宣扬：《福柯的生存美学的基本意义》，《同济大学学报》（社会科学版）2005年第1期。

第五章 "自身"的美学与女性主义

第一节 性与身份

虽然福柯将自己的调查研究方式称为考古学,但是其关于自身审美实践的研究,却与现代性和社会现实紧密关联。在《快感的享用》中,福柯提出,一个标准化的社会,就是权力技术的历史性产物。因此,生活在这种社会中的人们,应当拒绝各种权力制造出的规则,避免任何所谓社会性的标准对个体产生欺骗,其中包括对自由、平等、博爱的要求,甚至不应当盲目相信法律对人实施的保护,因为它实际上是作为准则和规范来统治人的生活的。这是因为,正是由于这些律法上的形式,才使那种标准化的"生物权力"(bio-power)成为可接受的东西。[①]

从某意义上来讲,对这种现代社会产生的生物权力,福柯是持否定性批判态度的。他认为,相较于人们所了解的早期欧洲社会,尤其是17世纪以前的欧洲社会,现在的社会其实是进入了一个倒退的阶段。没有永恒的"真理",只有永恒的真理借口,这种真理借口的背后,是统治、操纵、压迫、支配,最终只是狡诈的利益要求。[②]

[①] Michel Foucault, *The Use of Pleasure*, *The History of Sexuality*, Vol. II, New York: Pantheon Books, 1985, p. 144.

[②] 汪民安:《后现代性的哲学话语》,《外国文学》2001年1月,第56页。

从当代的现状来看,福柯的怀疑确实得到了印证。譬如,人们普遍认为,比起过去,现代女性在生活和身体的自制方面获得了更多的自由。但是,在"生物权力"的微观运作下,今天的女性依然处于劣等地位,甚至在许多方面承受着比以前更多的权力压制,尤其是在流产、性服务业、暴力(包括性暴力)、同性恋以及母权等方面,她们仍在争取应有的平等权利。

为了追求认同,女性选择将自身改造成为听从规范性权力指导的身体,即福柯定义的那种"驯顺的身体",即便这会使她们付出疾病或死亡的代价。这种驯顺的主体完全受制于权力的锻造,屈从于匿名的权力,它无时无刻不在被监禁和造就,它只能是"驯顺的身体",最终,主体不过是支配肉体的权力技术学的效应。[1] 在当下社会中极度风靡的各种整形手术、个人培训项目和追求所谓"标准美"的身体塑形等,就是这种现象的最佳实例。

在现代文化中,个人的驯服往往是通过自身的审美实践体现出来。换句话说,人们通过对比当时社会中的标准模板来塑造个人的身体外观,从而使自己达到与自身性别相符的理想化状态,这就是一种"外表的审美实践"。苏珊·波尔多认为,人们当下正处在一种"迷恋于节食、沉溺于社交聚会、依靠泻药和强制性训练、各种外科整形手术产业空前繁荣"的文化氛围中。这种文化使我们对这些实践和服务的规范化形式的理解,产生了越来越大的系统性、历史性的认识的偏离。随着时代的发展,这些有关训练、节食和整形手术等商业性的身体改造工程,被继续地加以神秘化了,它们已然成了自决(self-determination)和自身时尚化(self-fashioning)的特征。[2]

事实上,现代社会处处可见规模庞大的用于生产标准化规范和

---

[1] 汪民安:《福柯的面孔》,文化艺术出版社2001年版,第4页。
[2] Susan Bordo, *Feminism, Foucault and the Politics of the Body*, *Reconstructing Foucault. Essays in the Wake of the 80s*, Amsterdam, Atlanta, GA: Rodopi, 1994, p.239.

抑制个人化风格的产业,并且它们非常容易产生商业化和审美化的普及现象。这种产业并不能指引人们通往真正意义上的个人主义,反而会造成一种个体主动的自我规范化,后者在福柯那里被称为驯顺。这种新时代中的女性驯顺的模式,通常与各种商品和广告中提供的"幻象"联系紧密,这些商品和广告向人们传递出大量审美信息,并且诱导人们去追求并展示自身在这个世界中"独有的"存在。另外,许多产业亦通过这些手段来展示与性相关的东西,通过被标榜为大众所欲求的商品和对象来表达性欲望,并借助这些审美性的商品来宣传自己。

20世纪70年代,居伊·德波(Guy Debord)在《景观社会》(*La Société Du Spectacle*)中,对这种压倒性的图像景观与权力规训的社会机制提出了强烈的批判。居伊·德波认为,马克思在19世纪批判的社会矛盾在一百年后已经被所谓的"景观社会"取代。马克思在作品中反复提及的生产方式、生产力以及生产关系等核心问题,今天已经被景观、空间以及日常生活等概念所覆盖。今天的人们生活在一种以消费幻象建构起来的庞大景象社会里。这种社会充斥着大量的广告,意味着掌握资本的资本家制造出来景观图景,向社会中的大多数人群进行宣传,后者在面对景观的惊诧和痴迷中,沉湎于这个时代的金钱的迷人之处,甚至相信这种魅力与个体的性吸引力成正比。

居伊·德波指出,"景观最重要的原则是不干预主义",因此与带有惩罚性质的规训手段不同,景观并没有直接的强制性,相反,是受到蛊惑的人们主动地追求这些景观消费。人们被虚假的景观迷惑,产生颠倒的虚假欲望以及异化了的消费,相信通过购买这些自己尚未拥有的东西(通常并不是必需品),也就是这些广告宣传的商品,就能使自身变得充满魅力。这甚至意味着,现实越是骨感,未来就愈发具有吸引力,这就是一整出现代社会的荒谬剧。

马尔库塞(Herbert Marcuse)在《单向度的人》(*One Dimen-*

sional Man）中也提出自己的忧虑，他认为在当代消费社会中，人们的反抗意识和革命精神已被消解，大众的反抗冲动和阶级意识在纸醉金迷的社会景观中逐渐被消解，这也导致革命性地反抗资本主义社会不再成为可能。

针对这种时代造就的社会荒谬现象，以居伊德波为代表的国际情境主义者们（Situationist International），发动了一场将个体的存在瞬间艺术化的"日常生活的革命"，这场对抗的手段，包括艺术地占领空间的"漂移"（dérivé）、地理学—心理学层面的"异轨"（detournement）等，旨在建立一种关于自身生命的真实体验。面对这种温水煮青蛙的社会现实，个体必须从自身出发，在日常生活层面上摧毁这些虚假的带有误导性的景观，以建构个体真实的生存情境。

针对这种新时代的压抑和扭曲，福柯提出以关怀自身为中心的生活美学，试图寻求主体"审美化"（aestheticization）的可能性。这种美学旨在寻找那些能够促进个体自律，并且能够为社会变革造成影响的方式。因此，这种生存美学的实践方式，其实是一种更加正面和积极的主体形式，它通过寻找到替代现代性"自我征服"（self-subjugation）的方式，从而超越"生物权力"的界限。[1]

福柯的生存美学最主要的目标之一，就是支持和拓展各种非主流群体（譬如同性恋者）存在的可能性，并且让他们尽可能地发出自己的声音。从这一方面看来，福柯的美学理论就具有明显的政治特征，尤其在强调个体的"身份"（identity）问题时，将其作为个人自律和与传统文化对抗的场所，通过重新定位，就可能给予个体超越普遍化的标准生活，找到其他生活方式的途径。

1984年，福柯在《性、权力与身份的政治》（*Sex, Power and the Politics of identity*）中，阐述了个体自身的审美实践对于当代现

---

[1] James William Bernauer, *Michel Foucault's Force of Flight: Toward an Ethic for Thought*, Atlantic Highlands, NJ: Humanities Press International, 1990, p.9.

实的重要性。福柯在采访中列举了同性恋运动的例子,在他看来,现代人更需要一种生存的艺术,而不是关于性的科学知识。"相对于那种关于'什么是性'的学术知识(或伪科学知识)的科学,现在同性恋运动所更需要的是生活的艺术……性(sexuality)是某种我们自己创造的东西——比起作为我们的欲望深处的秘密的发现,它更是我们创造的产物。我们必须通过我们的欲望去理解这一点,去找到新的关系的、爱的和创造的模式。性不是宿命:它是创造性生活的可能性。"①

福柯将性定义为拥有创造性生活的可能性,他将个体自身的性实践与艺术品的创作进行了比较,并且提出,与个体自身的性相关的创造工作就是个人的基本权力。福柯认为,即使在20世纪60年代之后,情况有所好转(譬如医学和法律对同性恋的定义发生了改变),但是每个人选择自身性别的权力仍然远未得到足够的尊重,仅仅通过捍卫"同性恋存在的权力"的运动是无法达到目标的。为此,人们需要继续努力,通过自身充满创造性的积极实践,从根本上肯定不同类型的生命选择。

个体自身的"性政治"就是生存美学实践的重要部分之一。现代社会和法律早已在个体关于自身和性别的构建中,强加了许多限制和枷锁,福柯强调的这种关于自身的美学实践,正是将性别和快感从中解放出来的活动。事实上,"快感的解放"关注的不仅是同性恋者,还有异性恋者。鉴于权力运作的精密和广阔,后者亦不能完全自由地认识到自身与性相关的欲望以及实践方式。

福柯认为,对于个体的创造性行为的关注比强调其固有身份(譬如同性恋者或是其他的身份)更为重要。因为自身的实践可以被视为一种创造性的策略,它能够创造出新的文化,这些新文化并

---

① Michel Foucault, *Sex, Power, and the Politics of Identity* (1982). Michel Foucault, *Ethics, Subjectivity and Truth. Essential Works of Foucault 1954 – 1984*, edited by Paul Rabinow, New York: The New Press 1997/1984, p. 163.

不可能在传统的"固定身份"的情况下出现。因此,肯定另类的身份的各种策略和行为就显得很重要,它们就是个体面对强加在自身的各种规定与界限做出回应的方式。这些策略行为帮助个体追求自身的自由,反抗权力机制强加给个体的固定身份,并因此促进社会朝着解放的方向前行。

这种关于个体自身的另类实践,也因此代表了一种主动抵抗的形式。福柯早期对人与人之间的权力策略游戏产生兴趣,因为这种权力游戏蕴含着个体对权力的抵抗,以及改变权力关系的策略性尝试。在此游戏中,权力是一种关系,即一个人企图控制他人行为的一种关系,人们可以运用策略来改变权力关系。权力关系是变动不居的,随时可以因为人与人的博弈动态发生改变。福柯认为,权力的在场就意味着会有抵抗,也就意味着自由的可能性。所以,福柯津津乐道的权力和自由之间毫无矛盾,他甚至认为,由于人是自由的,权力关系才有可能。[①] 福柯在后期的思想研究中指出,这种抵抗甚至可能早于文化的统治。"当人们停止做其被期盼做的事情的时候,或是当人们越过了强加在他们身上的定义和界限的时候,他们就开始使用权力关系了。"[②] 因此,抵抗首先出现,并且相较于权力斗争中的所有其他力量而言,它甚至持有优先地位。正是由于抵抗的出现,才可能使权力关系发生变化。所以,自身审美性的实践和自身实践性的政治是统一的。

第二节 女性主义与身体

福柯将权力关系的动态博弈与个体的身体概念进行了综合性

---

① 黄瑞琪:《再见福柯——福柯晚期思想研究》,浙江大学出版社2008年版,第20页。

② Michel Foucault, *Une esthétique de l'existence* (1984), *in Dits et écrits*, eds. Daniel Defert and François Ewald, Gallimard, 1984/1994, pp. 740 – 741.

的比较分析，这种分析方式对于女性主义身体概念的思考亦产生了影响。福柯在作品中强调，身体是历史和文化实体，德里达则将身体这个问题视为传统哲学对于差异问题的隐喻，这些关于身体的当代思潮理论，获得了现代女性主义者们特别的关注。巴特科思基（Frances Bartkowski）就提出，身体是历史实体的，并认为这正是福柯得以与其他许多知名的当代思想家区分的独特思想特征之一。[①]

对普拉多提（Rosi Braidotti）而言，福柯选择将身体对待为某种具体的历史实体来处理的方式是更有效的，德里达的差异性理论则是值得商榷的。她提出，人们强调具体应当是更重要的，德里达的思想却以女性身体作为隐喻，去再现关于差异的抽象哲学问题，这本身与女性作为整体的性别差异的历史体验实在相去甚远。[②] 困扰女性主义的一个问题是，人们并不习惯于从性别差异角度思考身体理论。

这种身体理论对于女性主义，尤其是女性主义对自身现状的分析，具有重要的启示作用。这是因为，正是在男女身体差异的基础上，性别不平等的理论才能被充分合法化，传统的男尊女卑观念就是用生物学理论来证明的。女性主义需要对这种不平等的理论提出质疑，并借此颠覆这种以生物功能定义女性社会角色的父系体制。这种由社会累积形成的父权对女性身体的占有，其实正是女性受压迫的根源。这个现象本身并不意味着，压迫来源于身体或人的某种自然性，那些使压迫性的权力策略变成社会合法化的特征，就体现于将自然的身体作为工具。法国女性主义学者莫尼克（Monique Plaza）对此表示："如果性在父权体系中拥有重要的位置，是因为

[①] Frances Bartkowski, *Feminism and Foucault: Reflections on Resistance*, Boston: Northeastern UP, 1988, p.56.

[②] Rosi Braidotti, *The Politics of ontological Difference: In between Feminism and Psychoanalysis*. London: Routledge, 1989, p.22.

社会彰显性的表面形式,从而遮蔽压迫的体系。"①

因此,如果将性别不平等的理论植根于所谓的性差异,并将之作为一条原则,必然会导致这种理论出现一定的矛盾与冲突。女性主义将自然性和社会性做出区分并得出结论,即社会性身体不等同于自然的身体。社会性身体和自然性身体的主要区分点在于,社会的身体代表着身体的文化维度,而后者是在自然基础上得以体现,这种区分,允许人们绕过自然生物性的构成决定其社会命运的传统理论。在社会性的身体中,身体所有外部特征都被否定了,身体在此是中性的。

但是,按照这种社会学方法进行的身体力量研究有其自身局限性。如果单纯地从内化社会规范的社会学角度研究身体,可能会造成性身份叙述的无力,由于这种理论刻意地避开了身体的物质性现实,所以会使欲望和精神的关系无法获得最终解决。因此,身体的物质现实是重要的,理论体系不应当将它完全排斥在外。同时,人们也要避免一种倾向,即从纯粹生物学的角度出发对身体进行考察。在《性史》中,福柯反对那种将性视为自然现象的观点。性,实际上是文化建构的产物,性并不源于欲望,而文化建构出来的身体是以社会统治和控制性行为作为根本目的。② 福柯指出:"我们不应该认为性是身体自动的机能,权力关系掌握身体及其物质性、能量、感觉、感官享乐。在权力操控的性行为中,性是最内在的因素。"③ 因此,正是"自然性"概念的确立颠覆了性和权力之间的关系,这也意味着,性并不是某种权力关系的现象,与之相反,性自身就是一种难以驾驭的力量,而权力试图去控制和压抑这种力

---

① Monique Plaza, "Phallomorphic" Power and the Psychology of "Women", *Gender Issues*, Vol. Ⅰ, 1980, p. 9.
② 胡可清:《身体理论、女性主义、经验遮蔽》,《河北理工大学学报》(社会科学版) 2011 年第 2 期。
③ Michel Foucault, *The History of Sexuality: An Introduction*, translated by R. Hurley and Harmondsworth, London: Penguin, 1978, p. 155.

量。透过这种视角,性和权力之间的本质联系被切断了。由此,传统观念对性的历史建构无法再继续维系,随着性和权力关系的颠覆,这种历史建构亦被打破,性开始挣脱社会性的枷锁,重新成为自然性的存在。

这种与性相关的问题研究的意义在于,它彻底颠覆了自然性与社会性对身体造成的固有划分,打破了自然与文化之间历来保持的二元对立状态。在福柯那里,自然性不再由社会性文化所规定,甚至正是自然指出性得以确立的方式。朱蒂斯·巴特勒(Judith Butler)就认为,"社会性之于文化,自然性之于自然的关系被解构"①。但是,福柯并未忽略身体的物质性,他认为权力发生作用是直接与身体相关的,因此反对如同过去那样,只强调性的精神性。在此基础上,人们非但不应当抹杀身体的物质性,反而更应去凸显身体的存在。因此,在福柯这里,身体的生物性和历史性同时并存,二者并不是非此即彼的关系。实际上,在现代社会各种力量的影响下,它们已经越来越复杂,而且紧密地联系在一起。

因此,在当代思想的范畴内,探讨身体的物质性不可能离开身体的文化含义,身体的欲望、冲动并不存在于社会之先,它们其实就产生于社会性的网络里。关于身体本质的问题,如果排除文化的影响,是无法得到认知的。所以,在身体中制造性,或许只是为了建构一个更加庞大的社会关系。这也意味着,所谓的性解放运动,最终仍无法摆脱权力的影响。

第三节 女性作为第二性

审视女性主义的思想,必须提及西蒙·波伏娃(Simone de Beauvoir),她不仅是享誉世界的法国存在主义作家,也是当代女权

---

① Judith Butler, *Gender Trouble: Feminism and the Subversion of Identity*, New York: Routledge, 1990, p. 7.

第五章 "自身"的美学与女性主义

运动的创始者之一。

波伏娃一生发表过许多作品,《第二性》(*Le Deuxième Sexe*)是她获得世界性成功的一部巨著,甚至被赞誉为女性的圣经。波伏娃不仅是智慧的,也是敏感的,无论她的小说还是论著都受到人们的热议,加上她与存在主义大师萨特的特殊亲密关系,使得她的作品不仅充满文化艺术的研究价值,亦是研究哲学的重要资料。

波伏娃在1946年10月开始写作《第二性》,于1949年10月完成并出版这部作品。在书中,她以哲学、历史、文学、生物学、古代神话和风俗作为背景,纵论了从原始社会到现代社会的历史演变中,女性的处境、地位和权利的实际情况,探讨了女性个体发展史所显示的性别差异。① 这部作品甚至被视为引发西方现代史上第二波女性主义运动的关键因素之一。

"女性主义"(Féminisme)这一概念,波伏娃认为,是指独立于阶级斗争之外,专门为女性问题而奋斗的主义。所谓的"女性主义者"(Féministe),则是在结合阶级斗争但独立于斗争之外的那些力求改变广大女性处境的女性甚至男性们。② 吉尔曼(Charlotte Gilman)曾在《女性与经济学:男女经济关系为社会进化的一要素之研究》(*Women and Economics: A Study of the Economic Relation Between Men and Women as a Factor in Social Evolution*)中指出,女性主义的目标正是为了全世界女性的社会觉醒。凯特(Carrie Catt)对女性主义提出了更为宏大的目标,即反抗举世用法律或习俗强行阻挠女性享有自由的一切人为障碍。并且,女性主义是一种进化,正像启蒙思潮与民主政体一般,它没有领袖,也无需组织,而且因各个地区的特殊需要与特定的宗旨而有不同的含义。③

---

① [法]西蒙·波伏娃:《第二性》,陶铁柱译,中国书籍出版社2004年版,前言。
② 陈雪婧:《浅谈女性摄影中女性主义的表现》,《文教资料》2011年第26期。
③ 同上。

女性主义在性别问题上做出的观念批判，与福柯对驯顺的身体进行的历史性分析具有相似之处，这也是《第二性》最重要的观点之一，即除了天生的生理性别之外，女性被认为具有的所有"女性"的特征，事实上都是社会造成的，而男性其实也是如此。女性通常因为生理上的体力较弱，当生活中需要体力的付出时，女性往往会自我暗示为弱者，并由此对自由产生恐惧的心理。在此基础上，男性选择进一步通过法律等形式，将女性的低等地位固定下来，女性随着历史的推进，不断重复并加深这一身份认证，最终对这种劣等地位变得甘心服从。

作为女性主义的代表之一，波伏娃并不同意恩格斯的理论，即男人重新获取权力，是因为历史是从母系氏族社会向父系氏族社会的过渡。她认为，从历史的角度进行考察，女性根本从未获得过权力，即使是在母系氏族社会的时期，女性仍然处于劣势地位。面对这种低于第一性地位的劣等性别处境，她呼吁，真正意义上的女性解放，首先必须获得自由选择生育的权力，并继而向中性化过渡。这些对传统社会结构而言极具破坏性和挑战性的思想，使得波伏娃以及她的《第二性》，对20世纪60年代以来的女性主义运动产生了重要的推动作用。

从哲学思想史的角度来看，波伏娃是一位"存在主义的女性主义者"。西方存在主义思潮兴起于19世纪下半叶，并在20世纪达到全盛时期。虽然不同的存在主义者的观点存在差异，但整体而言，他们关注和探讨都是人的存在以及个体在为生命提供意义的层面上能够发挥的作用。因此，这必然造成存在主义思想对社会的集体普遍和标准制度持有怀疑、否弃态度。他们主张要由个体承担起责任，为自身创造生命的价值，而不再被所谓的集体和标准赋某种虚构的整体的普适价值观。

波伏娃正是从存在主义的观点出发，从女性主义的立场尖锐批判了心理分析学和历史唯物论的传统观点。她向人们揭示，女性并

第五章 "自身"的美学与女性主义

不是生而为弱者，而是受到社会规训教育的结果。弗洛伊德的分析就是将男性的标准强加在女性身上，从而用男性去定义女性，这本身就是不公平的，亦会使女性永远处于男性地位之下。历史唯物主义则太过于强调生产力变化在男女地位问题上造成的影响，但是，这种理论却忽略了文化的因素。波伏娃在书中指出，女性的地位之所以会比男性低，并不是单纯由于生理上的弱势或是生产力上的不同，这种不平等现象，其实是社会文化现象中的一部分。女性的生理功能活动（譬如生育），本身就对女性的行动范围造成了限制，这是女性与男性难以抗衡的客观因素之一，但无论如何，这都不应当成为剥夺女性其他权利的理由。

由于受到黑格尔政治哲学思想的影响，波伏娃也同样认为，"主奴辩证关系"是人类社会的基本关系。但是，她将这种哲学思想主要应用在阐释男性与女性之间的关系问题上。波伏娃认为，无论性别如何，每一个人作为个体都兼具"固有性"和"超越性"。前者是指个体不断重复的固定的工作和生活处境，而这种处境对历史并不能造成影响；后者则意味着个体能够自由管理与自身相关的事物，并且具有以相对独立的方式在这个世界上行动的能力。因此，波伏娃提出的"超越性"，实际上是指某种创造性；"固有性"则代表着固有重复性。

在《第二性》中，波伏娃还援引了历史唯物主义的观念表述男女性别之间的"主奴辩证关系"。当生产力发展到了一定的阶段，即人类社会从母系社会发展进入父系社会之后，男性逐步在社会中建立起全面的占绝对优势的统治权。从这时开始，男性就获得了充满创造力的"超越性"，而这种获取的代价是通过对统治权的掌控，将女性限制在只能不断进行重复的"固有性"之中。

在现代社会中，许多现实的博弈都体现出这种"固有性"对女性的限制，以及对女性尝试获得"超越性"的压制。女性在婚姻家庭中的地位即是最好的例子。"既然丈夫是一个生产劳动者，他就是一个超出家庭利益而面向社会利益的人，就是在建设集体未来的同时，通过合作开创他自己的未来，所以他是超越的化身。而女人注定要去延续物种和料理家庭——就是说，注定是内在的。"① 不仅如此，女性还常被社会规划成某种作为"生育机器"存在的个体，她的全部价值就在于照顾自己的家庭，这种隐性劳动的负担，反过来又造成使女性走出家庭的障碍，使她们更加没有精力去争取同男性一样的追求"超出家庭利益而面向社会利益"②的自由。这种女性对家庭和繁衍后代做出的牺牲，却使男性获得了更多的自由和精力，并为他们追求个人的成就和生命的超越性提供了可能，这就意味着，男性的解放事实上是以束缚女性的自由作为基础的。生育和家庭被社会文化塑造成为女性应该遵守的"自然属性"，这种被传统建构起来的虚假神话，却在根本上剥夺了女性追求与男性同等"超越性"的自由。

  女性主义认为，男性为了实现自己的自由，策略性地使女性为男性这一目的服务，通过权力和话语制造出一系列对女性具有规训意味的要求和条件，并将之命名为"女性气质"（femininity），女性只有得到这种以男性观念为主导的社会认同，并在行为规范上符合所谓的"女性气质"的强制性标准，才能获得自身的身份认可。从另一个角度来看，男性为了进一步巩固其统治地位，选择通过运用男性垄断社会观念的权威力量，不断加强社会观念对于性别身份及其相关特质的规划，并反复进行"角色定义"的重申和强调。这意味着女性必将失去在社会性生活中成就超越的自由，最终，女性自身成为驯服的，并且舍弃对平等自由的认同，成为男性眼中的"他者"。波伏娃在书中指出："没有一个主体愿意主动成为客体，成为次要者；也不是他者本身把自己定义为他者，而是由'此者'

---

① ［法］西蒙·波伏娃：《第二性》，陶铁柱译，中国书籍出版社2004年版，第172页。
② 同上书，第173页。

定义的。但是如果他者不能重新获得此者的地位，那他必须有足够的忍耐性来接受这个观点。"①

这种"女性气质"的实质，正是男权社会针对女性建构出来的虚假本质。从存在主义的观点出发，不论女性与男性，都没有任何预先设定的"固有的本质"，由于不同力量博弈的历史性原因，人们逐渐选择接受社会文化对"女性本质"的定义，才会使得女性处于默认自身劣势地位的状态。萨特提出的"存在先于本质"（l'existence précède l'essence），从女性主义的角度进行理解，就意味着正是人们自身的选择造就了自己的存在现状，而个体（包括女性）不应为了某些社会认为的普遍性规范，或是为了其他人觉得应有的样子而做出生活的选择。

作为一名存在主义者，波伏娃反对任何针对所谓"本质"的界定，而这种观点与福柯的思想不谋而合。为了从根本上破除社会强加于女性身上的各种规训和禁锢的虚伪面具，她从生理学、精神分析、社会历史以及经济地位等多元角度进行论证分析，并从中得出结论，即这个世界并不存在有所谓女性的"自然本质"。不论是女性的生理特征，还是女性在社会中的分工角色，都没有为女性造成任何完全压制性的障碍，也不能成为她们无法获得自由的社会地位或者不能追求"超越性"的原因。在波伏娃看来，女性的一切不公平和不自由的现状，都是"被建构的"，以黑格尔的方式进行表述，就是"别人让她成为"。

在现实的女性群体中，很少有人真正注意到这种不公平现象背后的真相，她们选择接受男性社会强加在她们身上的角色要求，并且将这些标准逐渐内化，最终把自己改造成为一种处于劣等地位的驯服的"他者"。因此，男性通过一系列对自身性别和身份的肯定策略界定自我，女性则通过男性来界定所谓"女性气质"的自我。

---

① ［法］西蒙·波伏娃：《第二性》，陶铁柱译，中国书籍出版社2004年版，第305页。

在此情境下，女性的身体亦不幸地成为福柯充满同情描述的"驯服的身体"，这种双维度博弈正是造成"男人是主体，是绝对的，而女人是他者"的根本原因。

在《第二性》中，波伏娃对社会状况进行了描述："大多数女人屈从于命运的安排，不试图采取任何行动，但对曾经试图改变这种处境的人而言，受女性特质的限制，因此让女性特质恣意发扬，这是她们从不愿意的。她们要超越女性特质的限制。当女性投身于广阔的世界后，就与男性步调一致，观点相同了。"① 为了与这种压抑的现状进行抗争，波伏娃将自己的生活和思维模式塑造成为一种女性争取平等地位的榜样。她指出，"作为女人"对其而言，从来就不是代表某种天职的命运，试图为女性角色争取解放，就意味着个体必须要突破"女性气质"。

为了解除历史强加于女性的各种规训与禁锢，波伏娃的《第二性》不仅致力于从思想上打破女性对自身身份认知的固有束缚，还指出现代女性为争取自由可能面临的困难，其中包括传统造成的观念压力以及经济上的劣势。为了使女性自身获得解放，并促使她们展开对男女平权社会的追求，波伏娃还运用了存在主义在伦理学范畴中提出的主体之间的"交互作用"理论，即任何人都不应当将其他人看成一个"客体"。她指出，女性必须以自身的独立为前提，才能进行自身自由的争取，只有当女性将自身看成具有"超越性"的主体，并且不再将自己的思想和选择建立在对男性依靠的基础上的时候，女性才能够与男性进行良性的"交互作用"。另外，在爱情的范畴中，这种体现平等性的"交互作用"理论亦应当得到体现。"真正的爱情应该建立在两个自由人相互承认的基础上，也只有这样情人们才能够感受到自己既是自我又是他者：既不会放弃超越性，也不会被弄得不健全，他们将在世界上共同证明价值与目

---

① ［法］西蒙·波伏娃：《第二性》，陶铁柱译，中国书籍出版社2004年版，第679页。

标。对这一方和那一方,爱情都会由于赠送自我而揭示自我,都会丰富这个世界。"①

传统的女性主义通常只着眼于特定的性别人群,目的在于使女性重新获得她们应有的权力和社会地位。波伏娃却超越了性别的局限性,提出"解放女性也就是解放男子"的口号,女性主义的解放目标并非只是针对女性,而是面向所有的社会个体。为了使得这一目标获得实现的可能,人们就必须客观地认识并接受男性与女性之间存在的自然性差异,然后才能以平等的态度肯定男性与女性的手足关系。如果仅在表面赞颂女性的母性功能,却否认她作为性伴侣和母亲以外的自由选择权,或是只在神话中歌颂女性神灵,却不在实际生活中为女性提供平等话语权,那么这种自由领域是永远不可能建构成功的。

在历史进程中,女性曾经并一直努力从男性那里争取原本就应当属于她们的自由。通过一代又一代人的斗争,当代女性的自由意愿得到了越来越多的正视,而女性自身表现出的自由觉醒的态度,也使得她们获得了越来越多的平等对待。但是就现状而言,第一性与第二性,这一历史性的秩序,至今仍旧无法改变。因此,这种男权社会默认的女性"命运"必须被视为一项挑战,波伏娃通过详尽的数据采集和归纳分析,为女性争取真正的自由与尊重提供了理性讨论的基础,并通过理论和实践向人们展示女性自由的可能性。"人不是生来就是女人,是变成了女人。"② 波伏娃为女性的自由而呼喊,并以自己的生活经历向人们证实,身为女人亦可以摆脱传统的束缚,争取自身的存在价值。这种充满勇气的精神和态度,与福柯提出的生存美学思想正是统一的。

---

① [法]西蒙·波伏娃:《第二性》,陶铁柱译,中国书籍出版社2004年版,第771页。
② [法]托泽尔:《从〈辩证理性批判〉到〈家庭的白痴〉》,《法国文学史》第4卷,巴黎社会出版社1982年版,第361页。

现代女性主义的核心目的并不是要让女性取代男性成为第一性,而是在于向人们指出女性被属于第二性的不合理。事实上,从语言学的角度看,女性作为"他者",也是与男性相对形成的,因为男人的称谓"homme/man"也就是对人(homme/man)的普遍称呼。所以不难理解,在传统社会中,男性从语言上就占据了主体的位置,女性则是相对于主体而言的客体,甚至在一定程度上,作为"他者"的女性是被排斥于社会主体外的。

女性与男性的地位状况,与有色人种在白人社会中的不平等处境类似。这种不均衡现状的动态博弈,与福柯对性问题进行的谱系学讨论具有高度的一致性,而女性主义则从具体的性别角度出发,通过史料数据与哲学理论相结合,剖析女性在人类社会中的历史性处境,同时也对现实中仍处于统治地位的男性社会发出抗争的呐喊。

从现实的角度来看,与福柯期待的那种以自身为目标追求生活艺术的个体一样,女性主义支持的追寻自由并通过自身努力成为不依附于男性的女性,在现代的父权社会中,必将遭遇巨大的社会话语压力。因此,为了自由,挑战者必须付出相应的代价。自由意味着脱离传统社会的安排,拒绝男性的保护,因此女性必须充满勇气,独立承担经济和社会的压力,这些压力曾使那些习惯于接受传统保护的女性丧失争取自由的勇气,并沉溺于作为第二性的安逸。女性一旦选择接受男性的庇护,也就意味着自身放弃平等的话语权,因此必须接受男性由于付出保护而在其他方面对女性实施的压制。所以,自由永远是一把双刃剑,女性若是希望真正获得平等的社会地位、男性的尊重以及平等的话语权和选择权,能自由追求自身的超越性价值,就必须自己承担社会压力和责任,成就个体自身的生存美学。

在《第二性》的结束语部分,波伏娃表达出对未来社会的美好愿望,那时的男性与女性将会"毫无异议地肯定他们之间的友谊"①，这也代表了现代女性主义对未来那种消解了性别矛盾以及黑格尔"主奴辩证关系"的社会的美好憧憬。

第四节　第三世界女性主义

在欧洲及美国等地的现代女性主义运动激烈展开的同时，人们也应当重视来自第三世界的女性主义（Third World Feminism）。一般而言，人们将欧美等发达国家和地区产生的女性主义运动冠以"第一世界女性主义"的称谓，或者"白人女性主义""西方女性主义""北美女性主义"等，因此相应地产生了"第三世界女性主义"的概念，它不仅是指第三世界中的女性主义运动，亦包括欧美发达国家和地区中的少数民族女性主义运动，譬如美国黑人和拉美裔的妇女平权运动，以及来自阿拉伯世界、印度、非洲或拉美的女性主义思想。"第三世界"并不单纯的是一个政治概念，而是意味着在文化、经济、地理等诸多方面与"第一世界"具有明显的差异性，并且在新殖民时代中往往处于被动的劣势地位。第三世界女性主义在第一世界女性主义对父权制度发起挑战的基础上，进而对西方霸权主义与新殖民文化进行了批判，因此它是一种更具世界性与整体性的女性主义。

如果将第三世界的女性与生活在第一世界的女性现状进行比较，可以看到，除了来自男性中心主义的意识压迫，她们往往还承受着欧洲中心主义，尤其是白人种族的文化压制。西方的女性主义对第三世界女性的考察，亦常持有某种扭曲变形的固有印象。因此，第三世界的女性主义所面临的任务不仅在于与传统的父权社会进行平权斗争，还需要超越既有的欧洲中心主义、殖民主义以及扭曲的认识论。

---

① ［法］西蒙·波伏娃：《第二性》，陶铁柱译，中国书籍出版社2004年版，第811页。

印度女性主义学者莫汉蒂（Chandra Mohanty）在《在西方的注视下：女权主义学术和殖民话语》（*Under the Western Eyes: Feminist Scholarship and Colonial Discourses*）中，从第三世界女性的角度出发，严肃批判了传统西方社会，尤其是以白人世界可能具有的殖民性目光，以及西方女性主义运动可能忽略的全球差异性。莫汉蒂针对第三世界的女性在西方殖民主义和男权主义眼中的状况进行了描写，指责西方媒体报道为了博人眼球，只将目光集中在代表印度落后现状的那些遭受苦难、私刑的印度女性身上，却忽略坚强的女性和普通的男性。文章不仅从东方女性的角度描述西方女性讨论的自我的"身份问题"，也批判了西方世界对第三世界女性主义进行妇女觉醒运动的傲慢态度与刻板印象。

莫汉蒂在文章中提出结论，即第三世界女性已经在现代世界格局中被刻印上了父权化和殖民化的标志，并因此产生一种由西方霸权文化构建起的某种典型的"受害者"形象，是西方社会眼中"他者"。事实上，第三世界的女性不仅与西方白人女性一样，在父权社会的历史中丧失了平等地位并沦为工具客体，而且，由于身处于第三世界的整体弱势地位，她们甚至丧失了主动要求聆听和言说的权力，因此正在经历一种最受压迫的"从属者无权说话"的失语状态。这种无言或失语意味着第三世界女性在女性世界的不平等地位，以及处于世界与社会主流意识形态之外的边缘身份。

从历史发展角度看，女性主义与西方的女性解放运动息息相关，当时女性主义运动的范围从对公民平等选举权的争取，进而扩展至文化、政治、经济、宗教等各个领域，最终将矛头指向以男权为基础的整体社会与文化体制。在女性主义运动浪潮的初期阶段，人们注重的是男性和女性之间的区分，而不是黑人与白人或是西方人与东方人的种族差异。但是，女性主义运动的目标在于革命性地转变不平等的性别关系。因此，想要在世界范围内完成这项工作,需要世界范围的理论化。① 随着人们对性的相关问题的认识逐渐加深,在黑人民权运动和少数民族女性解放运动的双重冲击下,越来越多处于边缘地位的女性认识到,自己处于非主流阶层,受到权力运作机制的压制和规训,因此造成对自身认知的偏离以及权力的缺失,这些女性开始选择为自己发出呼喊,并希望获得切实的利益。

20世纪60至70年代的美国,由于黑人民权运动和第二次女性主义运动浪潮的兴起,出现了贝尔·胡克斯(Bell Hooks)等少数民族女性主义者,她们进一步意识到白人女性主义将有色人种女性视为"异端"和"他者"的事实,因此将斗争的目标转向以白人种族作为中心的第一世界女性主义,批判这种话语系统中的根源性问题。从此时开始,有色人种、少数民族以及第三世界女性逐渐从白人中心主义语境下的"女性主义"中分离出来,继而成为新的注目焦点。

胡克斯作为国际女性主义阵营的重要成员之一,为当代女性主义理论的完善做出了值得肯定的贡献。她的女性主义作品,将一直遭受压迫甚至被遗忘在边缘的黑人女性重新放置在大众视线的中心。她指出,现代女性主义运动的根本宗旨,就是要结束一切有关性别的压迫现象。胡克斯乐观地相信,男性从积极的角度来说,其实更加应当被视为协同女性一起结束性别压迫的同志和朋友。

1984年,胡克斯出版了《女性主义理论:从边缘到中心》(*Feminist Theory: From Margin to Center*),作品从种族、性别和阶级等不同的角度,对教育、艺术、历史、大众媒介以及性问题进行分析,并探讨了现代女性主义的相关理论。"在早期女性主义运动中,我们发现接受性别、种族和阶级一起决定女性命运这个思想是容易

---

① Raewyn Connell, Rethinking Gender from the South, *Feminist Studies*, 40 (3), 2014, pp. 518–539.

的，但是如何以此来塑造和武装女性主义实践却是极为困难的。"①因此，她将目标设定为修正现行的女性主义仅仅关注中产阶级白人女性问题的偏向，并通过指出现有女性主义思想的不足，争取为全世界的女性主义运动指出更加适合的可能性和发展方向，使女性主义运动的全面实践真正成为可能。在《女性主义理论》中，胡克斯还进一步探讨了女性的教育和工作以及结束暴力等问题，并通过研究提出，所谓女性解放，并不仅仅是解放的问题，人们应当将它视为一场真正的革命，志在改变人们长久以来在社会传统中形成的固有的性别关系，而它必将是一项充满艰险和挑战的复杂事业。

1989 年，胡克斯在《回话：思考女性主义，思考黑人》（*Talking Back: Thinking Feminist, Thinking Black*）中，再次强烈批判美国现代社会存在的白色人种至上的资本主义父权文化，并且对美国社会文化的本质进行了剖析。在前后出版的 30 多部作品中，胡克斯针对现代女性运动中存在的种族主义、性别主义以及阶级主义等问题，进行了冷静的批判，她重新定义并尝试修正各种扭曲了的女性主义和女性主义运动，这些工作的目的，是为了消除现代社会中可能存在的隐性歧视与压迫，从而促使人们开始真正地相互尊重和联合。

但是，现行的西方女性主义研究的对象基本集中在社会中上层的白人女性，而这些西方女性主义派别主要反映的只是欧美发达国家的，即第一世界的白人中产阶级女性的愿望——这些家庭主妇们厌倦了围绕着家庭、孩子和购物休闲的生活模式，因此对生活产生了更高的要求。在这种背景下产生的女性主义运动，其实非常容易忽视非白人女性以及那些因为贫穷而未受到良好教育的女性，尤其是少数民族女性，因此，这种女性主义本身就存在着种族歧视甚至阶级压迫的倾向。

---

① Bell Hooks, *Feminist Theory: From Margin to Center*, Preface to the Second Edition, Boston: South End Press, 2000, p. 7.

从 20 世纪 70 年代开始，尤其是从 1975 年墨西哥城召开的首届联合国妇女大会之后，越来越多的学者开始关注第三世界女性主义的问题。正如布尔别克（Chilla Bulbeck）在《同一个世界妇女运动》（*One World Women's Movement*）中解释的，那个历史时刻在提出全球团结和全球不平等问题的同时，也发起了关于全球女权主义中含混之处的大讨论。① 在美国学者斯皮瓦克（Gayatri Spivak）看来，第三世界女性的言说权力正是处在悠远的历史变迁和本地父权体制的夹缝中，被剥夺并失去自身自由。西方社会中的女性主义，往往带有殖民主义和霸权文化的特征，也因此再次对第三世界女性的平等权利进行了压制。斯皮瓦克指出，正是由于西方社会中的女性主义自持的身份及文化优越感，使她们容易忽略自身处于第一世界的不平等环境，自觉或不自觉地在女性主义思想体系内部制造中心和边缘，再通过一种武断的知识权力去指定"第三世界"成为研究对象，而必然会引起第三世界女性的不满情绪以及负面评论。

同时，斯皮瓦克也向西方女性主义提出建议，即应当向正在走向"语言、世界与自我意识"的第三世界女性学习，同时以一种公正平等的态度为第三世界女性发出声音。人们也应当尊重女性话语中，因不同种族、地理、文化等因素带来的多元化倾向。这意味着，第一世界女性主义者不仅应该抛弃此前作为优等社会女性的优越感，也要主动去除自认身处主流文化而带来的地域文化以及种族偏见。

美籍华裔学者周蕾（Rey Chow）的观念与上述相一致。她提出："西方女性主义者应该正视自身的历史局限。事实上，西方女性运动是在物质相对丰富，强调思想自由和个人充分发展的资本主义发达时期产生和发展的。这个社会的发达是建立在剥削和压迫发展中国家的基础上的。西方女性主义者要与第三世界国家女性对

---

① Raewyn Connell, "Rethinking Gender from the South", *Feminist Studies*, 40 (3), 2014, pp. 518–539.

话,应该首先认识和批评自身的殖民主义和帝国主义的影响,以平等的态度对待第三世界女性运动和理论。不要把自己的想法和利益强加在第三世界女性身上。"①

在20世纪80年代初期的女性主义运动发展过程中,还出现了以艾里斯·沃克(Alice Walker)等为代表的一批黑人女性学者。沃克在作品中,为了避免使用"黑人女性主义"引起又一轮更加固执的类似"白人女性主义"的种族中心主义,同时也为了集合更多的第三世界以及所有有色人种女性加入这项反抗与解放自身的事业,她选择弃用"女性主义"(feminism),而是创造性地提出"妇女主义"(womanism)以表达这种当代世界一体化的女性主义思潮。

在女性主义内部推行对固有等级结构的扁平化革命,这种行为却不可避免地更会凸显群体自身的异质性,这就意味着,完全的平等依然是一个难以达到的目标,而第三世界的女性主义运动的理想结果,或许只是尽最大可能去重新获取一些自主的权力。即便新一轮的"妇女主义"呼吁要打破以西方白人女性为主体的第一世界女性主义,实际上也只能期望第三世界的女性能够通过斗争,获得与西方白人女性比较而言更加平等的地位。不过,任何运动的发展从来都不是始终如一的,它们往往充满断裂性与偶然性,而任何理论的发展亦是在各种无法预知的变化中产生出来的,但无论如何,这都将是一种对现状的改变。

从整体而言,第三世界的女性主义是具有世界精神的女性主义,它不仅批判父权制度给女性带来的压迫统治,同时也对西方的传统观念进行挑战。第三世界女性主义在学习和借鉴西方女性主义思想的同时,也尖锐地指出了后者的局限性,由此探寻更加符合当

---

① Rey Chow, Violence in the Other Country: China as Crisis, Spectacle and Woman, In Chandra Talpade Mohanty and Russo Lourdes Torres Eds., *Third World Women and the Politics of Feminism*, Bloomington and Indianapolis: Indiana University Press, 1991, p. 81.

代全球一体化进程的女性主义理论。机遇与资源都已在面前,理论终将接受实践的检验,未来的人类社会或许终将从权力的暴力与性别不平等的悲痛中获得新生。

第五节 生存美学对当代女性主义的启示

随着研究视域的不断拓展,当代女权主义开始挑战此前的普世化模型,这种模式在20世纪70年代主要由美欧激进的白人女性与自由派群体所建立,旨在解析西方女性在社会结构发展中受到压迫的过程。此后,这种普世化模型受到了新时代的挑战,这不仅是因为卡其娜(Gloria Anzaldua)于1987年出版的《边界/荒界,新美斯媞莎》(Border Lands/La Frontera, The New Mestiza)[①],使美国社会开始重视并接受当代异质族群混杂而居的境况,还包括有解构主义视域下的女性主义和酷儿理论(Queer Theory)在80年代的蓬勃发展,以及克伦肖(Kimberlé Crenshaw)在1989年提出的"交叉性"(Intersectionality)等多方面原因。"交叉性"作为一种理论框架,描述的是个人和群体在各种社会范畴中的假定位置上,譬如性别、种族和性行为等,相互压迫或争取特权的模式。它是一种"普通的日常隐喻",意味着曾代表现代社会进步特征的反歧视法的失败。另外,女性与性别研究课题在数量上的扩张,亦为女性主义的当代化在世界范围内吸引了更加多元的成员。

出自于自身强烈的个性和生活态度,福柯于20世纪下半叶极具创造性的研究理念在世界各地激发了新兴的研究模式,并在当代女性主义、性别研究以及酷儿理论的社会推广方面得到了体现。当福柯的《性史》被翻译成英文版并于1978年在美国出版的时候,正是女性主义以及争取同性恋权利运动已经在西方社会获得尊重和

---

① 注:西班牙语 Mestiza,意指墨美族裔女性血统及文化的混杂。

合法政治地位的时候，同时也是女性主义第一浪潮，即以争取权力为核心的女性主义逐渐失去动力的时期。当时，推崇激进地施行"性解放"并要求承认女性"特殊性"的女性主义第二波浪潮，正在时代的浪潮中展现出自身的独特魅力。

女性主义第二浪潮的"现代女性主义"，注重的是个体实践；而20世纪80年代后期的女性主义第三浪潮，即"后现代女性主义"，则开始超越西方白人女性中心视角，转而关注那些在制度与结构中受到压抑、统治或歧视的边缘化少数族裔女性的社会身份问题。与此同时，后现代女性主义在性的问题上，与此前的女性主义态度亦有所不同，她们开始将性视为产生人之生命力的力量，并将生殖器解释为精神性的存在，而不再延续传统观念，将其看作肉体的一部分。李银河对这一时期的后现代女性主义进行了归纳："她们用性的语言、图像和表演交流思想和感情。她们将性的检查制度视为反艺术和反人性的。她们通过对性的肯定为自身赋权。她们通过爱上性的自我而获得快乐，治疗这个病态的世界。"① 因此，福柯在研究中提出的生物权力范式，和关于"边缘性的性行为"的理论，以及他对非主流人群表达出的同情，都为这个时期的女性主义思潮提供了有效的参考。

作为女性主义第三浪潮的代表人物，也是酷儿理论的创始人之一，后结构主义学者巴特勒（Judith Butler）早在1986年就讨论了波伏娃在《第二性》中提及的性与性别的区分问题。之后，她在1990年出版了《性别麻烦：女性主义与身份的颠覆》（*Gender Trouble: Feminism and the Subversion of Identity*），继续对波伏娃的性别理论进行剖析，强调身体与性别一样，实际上都是社会文化的产物。在书中，巴特勒的表述结构明显受到法兰克福学派的影响，稍显冗长难懂。另外，从概念上来看，由于完全颠覆了过去传统社会固有

---

① 李银河：《女性主义与性》，中央电视台国际频道文化大讲堂，2003年3月16日。

的性别认识，巴特勒重新提出的"文化控制性别"的学说理论，亦显得艰涩和不易理解。但从整体上看，《性别麻烦：女性主义与身份的颠覆》（下文简称《性别麻烦》）一书对于当今社会中的主体、性与性别的思考，不仅在女性主义、性别研究等领域引起极大的关注，同时它对于身份政治所做出的研究和推进，也对现代关注平权运动者有着广泛的影响和启发。

从遣词造句来看，巴特勒显然受到了福柯的影响。她在作品中发明和使用新词语，帮助其构造起属于自己的独特语言体系。并且，她将福柯在主体身份与性领域的话语和理论，成功与后现代女性主义进行了结合，对当代思想产生了重大影响。她提出："事实上从定义上来说，我们将看到生理性别其实自始至终就是社会性别。"[①] 作品通过对性别身份的不断质疑，试图改变人们对性、性别、性欲以及语言的思考方式，并在多个维度对当代女性"主体"进行了批判性反思。

福柯认为，在现代社会中，人的身体在权力的逐步控制下变得驯服，这种身体日积月累地受到"生物权力"的训练和塑造，满满地被打上历史印记。不过，传统社会对身体的惩罚是非常残酷的，与过去不同，现代社会对身体的规训虽然从表面上看并不明显，但实际上这种规训的过程却更加深入地渗透到日常生活方方面面。从思考的角度而言，巴特勒的《性别麻烦》正是女性主义最完全彻底的对身体的福柯式的后现代处置。[②] 在作品中，她着重批判西方社会自启蒙时期以来形成的对身体的各种思想态度，即"忽视身体，或更糟的是，反对身体"[③]。面对这种对身体的贬低，巴特勒呼吁当代的人们必须关注身体的物质性，并通过对异

---

① ［美］朱迪斯·巴特勒：《性别麻烦：女性主义与身份的颠覆》，宋素凤译，上海三联书店2009年版，第12页。
② ［美］阿莉森·贾格尔：《女性主义政治与人的本质》，孟鑫译，高等教育出版社2009年版，第327页。
③ 同上书，第80页。

性恋实践的批判，尝试揭露社会历史性的"身体被物化为分性别"①的方式。

巴特勒从后结构主义的立场出发，借鉴福柯的系谱学方法，批判性地重读了女性主义以及精神分析学有关性别的各种历史性理论，由此探讨了性别概念形成的历史和它在社会文化中运作的方式。巴特勒认为，人们今天看到的各种现象，无非是性身份通过"排他性的生产设备进行的不断再生产"，并且这些生产过程中充满了剥夺、限制和强制性的实践方式。一直以来，福柯对权力是如何通过排他性的方式产生出来的问题，以及性变态、病理学、犯罪或犯罪的各种话语，和各种新兴学科从各自相关的类别中被创造出来的问题，保持着极高的研究兴趣，并最终提出"性是由权力构成的，而不是仅仅因为受到权力压抑"的观点。巴特勒的观察兴趣明显与福柯类似，她也一直致力于研究性别与身份通过"排他性的生产设备进行不断再生产"的动态博弈过程，譬如性别的建构产生的过程以及性身份的少数派被划分出来的机制等。

对于女性主义而言，福柯思想所能提供的启示正在于他激进的反本质主义立场。福柯不仅努力为人的主体探寻自立和自律的本来状态，更让身体彻底摆脱了传统社会观念强加于它的卑贱之名，由此为当代女性主义争取女性合理的地位提供了有力的理论基础。尽管福柯并没有特别关注女性主义的性别问题，但是他对性、身体以及主体的关注态度，以及他将身体当作话语权力的某种扩散性载体的思想，都为当代女性主义开启了全新的"主体性别化"的思考模式。譬如，在有关同性恋的问题上，福柯就认为，这一近代出现的政治身份是对人的误导。从对古希腊社会的资料考察可知，同性之间的爱恋其实本是一种存在风格的选择，而非与某种所谓的中心相偏离的性身份、性本质或性的种类，它是一

---

① ［美］阿莉森·贾格尔：《女性主义政治与人的本质》，孟鑫译，高等教育出版社2009年版，第81页。

种人们选择进入的生活方式,亦是一种生活的艺术。此外,福柯还运用权力与性的关系博弈,对女同性恋问题进行了说明。他认为,即便古希腊社会普遍存在着男性发生性关系的现象,人们仍然判定女性之间发生性关系是违反自然的,而背后原因就在于女性在关系的选择过程中抢夺了男性的主动角色。因此,西方社会从古代就是男性中心社会,女性对自由选择权力的主动使用,则被视为严重的侵犯,是被禁止的。同理,在当代社会中出现的反女同性恋情绪,很大程度上是为了捍卫传统的父权主义核心地位。因此,当代女性主义尤其应当从多个维度对性别问题展开去中心化的批判。福柯甚至还积极思考了男同性恋与女性主义结合的可能性,并相信,"这就使同性恋能够表明,他们对男性的爱好并非阴茎中心论的另一种形式"[1]。

福柯在作品中对人类历史进程中的性道德进行了考察与展望,亦为女性主义提供了十分有利的理论支持。从阶段性发展的角度来看,人们可以将社会中性道德的变化划分为三个阶段。在第一阶段中,即古希腊社会,人的性活动处于自由状态,并且是一种以自我的控制为道德主导的状态,通奸或是随意的性行为都不被看作是不道德的行为。从第二阶段开始,即由希腊化罗马时期开始,直到20世纪中期,基督教通过权力的精密运作及渲染,迫使人们相信,只有婚姻内的性活动才符合道德范畴。最终,当人类历史发展到第三阶段的时候,人们才将有可能获得完整意义上的性自由。这种第三阶段的性道德与最初社会阶段中的性自由相比较,不仅男性拥有性自由,女性也将同男性一样,享有对于性的事情的自由把握权利。

福柯指出,在近代时期的社会出现了性话语的爆炸,此时社会中所有事情似乎都与性产生了关联。通过大量的史料支撑,福柯向

---

[1] David M. Halperin, *Saint Foucault: Towards a Gay Hagiography*, London: Oxford University Press, 1995, p. 89.

人们展示出，话语是如何一步步塑造起人类关于性的观念转变，而权力又是通过何种手段逐步规训和控制人的身体与性。通过对与性相关的机制运作分析，福柯尝试破除话语、知识和权力通过科学、心理学、性学以及心理分析学共同创立起的关于性的禁闭性和神秘性。最终，他通过揭示性随着历史文化的进程被改造和建构的过程，彻底否定传统观念强加于人的看法，即存在着某种固定的性冲动。福柯宣布，性并不是一种本质，也并不存在某种固定的性冲动。事实上，性的历史因文化和地域的差异形式各异，没有单一的性史，只有多元化的性史，而且在不同的时代或文化中，均存在有不同的性话语。所以，福柯所理解的性，正是一种动态生成的历史产物。

对当代女性主义的发展而言，巴特勒最大的成就莫过于成功运用福柯关于现代权力、主体以及性的理论，重新对"女性"概念进行了解构。巴特勒提出，性别并非全然的或天然的存在，它其实是通过经年累月不断重复的性别叙述，被文化塑造出来的。譬如，社会持续地强调男人应当是强壮的，女人应该是柔弱的，异性恋是正常的，同性恋是不正常的，最终使追求社会趋同性的人们接纳，并主动选择被普遍认为是正确的性别表现（performance）。正是由于这种不断被强化、被加固的性别表现，才使性别得以产生。也就是说，人们本来认为天生就具有各自特征的性别，其实就是由各种语词、行为、姿势和意愿表现出来的话语性和物质性的性别。

福柯的思想对巴特勒的影响是显而易见的，后者对"性别"概念表达出了与福柯类似的观点："假如性别内在的真实是一种制造，而真实的性别其实是在身体的表面上一种幻想性的描述和设定的话，那么性别似乎可以没有真假，而仅仅是作为受到某种具有稳定身份的话语的真实影响而被制造出来的东西而已。"[①] 巴特勒并没

[①] Judith Butler, *Gender Trouble: Feminism and the Subversion of Identity*, New York: Routledge, 1990, pp. 31 – 32.

有将"女性"(femaleness)的任何固定概念或定义看作女性主义实践的必需基础,她提倡将"身份"理解为一种"影响"或"效果",从而解构"性别",并使那些新的、不可预知的可能性得到展开。

在女性主义与性的关系领域,福柯表达过一种积极观点,即"长期以来,他们试图将女性限制在性的领域。多少世纪以来她们一直被告知:'你除了你的性之外什么都不是。'这种性根据医生们的说法是脆弱的,几乎总是病态的,或总是包括病态在内的。'你是男性的病态。'但女权运动做出了挑战性反应:我们天生是以性为主的吗?那么好吧,让我们就这样独特地存在,就这样以我们原本所具有的特殊性存在吧。让我们接受它的后果,重新创造我们自己这种类型的政治的、经济的和文化的存在"[①]。

虽然女性主义在运动中表现出孜孜不倦的热情,并从理论和实践的双维度为当代女性呼吁更多的思想自由和公平待遇。但是,将视野拉回到现实的角度,人们还是可以轻易地在日常生活世界中看到,女性仍然在经受着各种话语的规训和压制。许多调查研究表明,相比历史上过去的时代而言,今天的女性花费在管理和约束身体的时间事实上变得更长。无论过去还是现在,社会对女性气质的要求依然没有停止,它督促女性不断注意时尚中细小而反复无常的变化,并且促使女性自觉选择与之同步。这些"要成为他人认同的"要求,最终使女性的身体成为比男性更加被动、复杂的驯顺的身体,这种身体已经漠然习惯于接受来自外部的规则、征服、引导和所谓改良。许多女性在日常生活中花费巨大的时间,专注于自我修饰,并通过对饮食、化妆、服装等苛刻的规范化训练,不断以社会对美的标准对自己的身体加以修整。从根本上说,这些训练使女性持续地将缺憾感、不足感和不完美感的记忆留在身体上,并且对

---

① Michel Foucault, *Histoire de la sexualite*, Vol. II, *l'usage des plaisirs*, Paris: Gallimard 1988, pp. 115–116.

其深信不疑。①

1999年，英国女性主义者格里尔（Germaine Greer）出版了《完整的女性》（*The Whole Woman*）。在书中，作者讨论了女性主义运动在基本进展中面临的问题，并指出，其中一些女性主义倡导的理念事实上是一种幻想。格里尔甚至尖锐地提出："即使女性主义成了真实的事情，但'平等'也只是成了'自由'的可怜的替代品；这种假冒的平等正领导女性走入了双重的危险。'平等'不过是用来掩盖猛烈压抑和塑造整改女性的各种政治权力的花言巧语。"② 另外，女性主义政治学理论家苏珊·奥金（Susan M. Okin）亦在《公正、性属和家庭》（*Justice, Gender and the Family*）中指出，即使在极力标榜自由和平等的美国社会里，实际上仍然存在着大量的男女之间的不平等。

事实上，当代女性虽然在生活条件和基本权力方面获得了一定的改善，但仍旧不得不接受来自社会的各种剥削和排斥，这不仅体现在性和性别的领域，也表现在健康、工作、教育以及政治领域。其中明显的事实便是，为了寻求社会认同，女性需要花费大量时间用于规训自己的身体，以弥补其不够格的体形、高矮胖瘦、重量、肤色、发型、肌肉、化妆效果和情欲，甚至要试图挽回不可挽回的衰老。"她的生活浪费在不停地打扫已经很干净的东西，喂养并不饿的人，在超市中进进出出。"③

1985年，托马斯·卡什（Thomas Cash）通过将"有关身体感觉"的三万份调查问卷的结果与1972年的类似问卷答复进行对比，得出的结论是，1985年的受访者对身体不满意的程度显

---

① Susan Bordo, "The Body and the Reproduction of Femininity", *Unbearable Weight: Feminism, Western Culture, and the Body*, Berkeley: University of California Press, 1993.

② Michiko Kakutani, "The Female Condition, Re-explored 30 Years Later", *The New York Times*, May 18, 1999.

③ Richard Dunphy, *Sexual Politics: An Introduction*, Edinburgh: Edinburgh University Press, 2000, p.129.

著增加，并且男性对自身的关注程度得到了强化。在接受调查问卷的群体中，对自身外表最为不满意的主要对象是二十岁以下的年轻女性。因此在当代社会，女性仍然是各种减肥用品、疗养地、瘦身中心、肠道分流术以及脂肪消除手术的主要消费人群。虽然从20世纪80年代开始，社会中的男性也表现出对自身容貌更多的关注。但是，从对身体的关注程度来看，男女之间仍然存在着明显的社会性差异。如果男性对自己的外表大体满意，那么，这种满足感通常是一种"以积极、自我吹捧的方式歪曲他们对自身形象的感觉"①。与此相反，大部分女性对身体的感觉则表现出相对强烈的否定评价和欠缺感。有研究表明，当对象与社会主流审美标准发生偏离时，女性甚至会比男性受到更加苛刻的评价。这就意味着在现代社会中，个体对身体外表的关注越来越强烈，而女性对外表的关注程度远远超出男性。因此，尽管男性对于身体和外貌的审美情况已经发生变化，但女性的情况却相应地恶化了。②

今天的社会，是一种不断巩固现有的性别结构并且反对任何主动试图改变或转变既定权力关系的社会，社会中的每个个体都时刻沉浸在这种庞大的运作机制带来的动荡不安中。参照福柯的观点，人们必须认识到，权力并不是由某一个群体拥有并借此针对其他团体的工具，权力应当是由实践（exercise）、习惯（habit）和技术（technique）共同组成的一种运动的网络，这个网络负责维持特定领域中各种支配与从属的位置。权力的中心机制并不是压制性的权力，而是构成性的（constitutive）。在这里，福柯描述的是一种积极的决意于生成各种力量并使之得到巩固成为新的规范秩序的权力。

---

① Daniel Goleman, "Dislike of Own Bodies Found Common Among Women", *The New York Times*, March 19, 1985.
② Thomas Cash et al, "The Great American Shape-Up", *Psychology Today*, April, 1986, p. 34.

在现实生活中，人们不断从主流大众媒体获得各式各样的报道，这些报道推崇传统的性别关系，并对新的变化感到惴惴不安。大众媒体代表社会整体的利益，宣传正统的男女模式，即女性应当躲在男性的阴影里，并在他们的臂弯中寻求慰藉，自觉自愿地缩小自己占据的空间。事实上，这种模式也提供了某种对当代女性的审美理想，但是对这种理想的过分追求已经让许多女性感受到自身生活的不幸福。因此，人们比以往更加迫切地需要一种有关性和性别身份的有效政治话语，从而允许个体摆脱被权力控制的本质，真正追求一种属于自身的美的生活方式。

从理论的角度来看，福柯的分析论对当代女性主义运动具有指导意义。在日常生活中，女性通常表现出一种自愿接受各种社会准则和行为规范的态度，为了从根本上对这种具有性别偏向的权力机制进行解码，需要借鉴福柯"自下而上"的权力分析模式。一方面，可以使女性对权力关系、社会等级、政治对抗等问题进行客观分析；另一方面，允许人们从更深入的角度积极探寻那些能够塑造、扩散而非压抑欲望的生存模式。

从实践的角度来说，在当代女性审美及生存境遇的问题上，女性主义提出的转变方式主要有以下三种。

第一种是生存美学实践，它在20世纪60年代的早期女性主义大力呼吁反对选美的运动中得到体现。值得一提的是，中国的女性联合会组织在80年代也提出了反对选美的宣言。选美被女性主义视为女性被放置在屈从地位的一条强有力的证据。在这种活动中，女性对容貌美和身体美的追求被扭曲为女性主体的客体化，这正暴露出男性中心主义的传统思想对女性的歧视态度。因此，社会中出现的各种女性选美活动被斥责为一种贬低女性并将其作为没有独立性和内涵的性对象的手段。现代女性主义之所以会掀起反对选美的活动，目的就在于提醒人们关注这种充满性别歧视的事件，主动抵抗女性被强迫遵从的各种社会规则和身体标准。这些选美活动，往往通过媒体大肆宣传所谓的女性美标准，并通过奖励机制，暗示女性必须注意自己的外在形象，忽视内在的修养和素质。虽然此类评比常常宣称选拔智慧和美丽并重的青春女性，然而评选机制却并不均衡。当代女性若要真正自立于社会，必须提高内在素质，才能以独立、自律的态度获得参与社会竞争的能力。因此，反对选美就是反对女性身体的客体化和病理化，并促使女性更多地关注自身的内在美与精神美。通过这种实践方案，女性将历来局限于外貌和身体的审美观念打破，以自己的勇气与智慧，自主接受并肯定生活中美的复杂性。

第二种实践方案是通过倡导男女平等的观念，颠覆社会传统只关注女性单方面的"美"的看法。这种提议实际上是希望通过男女两性身体的客体化，取代女性身体单方面的客体化。从现实的角度来看，男性美已经获得越来越多的关注，成为新的大众审美对象。2005年在香港举行的首届香港先生选美，就是这一提议得以实施的例子之一。在男性选美活动中，男性成为审美对象，女性转而成为评委，颠覆的正是传统选美活动中男性与女性的"看"与"被看"的关系。从前只有男性可以理所应当地欣赏女性的身体美，现在，女性也可以变换为主动的姿态，欣赏男性的身体，并且坦率自然地表达自己对男性美的观点和热爱，甚至将这种女性评选男性美的活动发展成为一种文化狂欢。在此意义上，这种男性选美活动挑战的并不仅仅是传统社会的审美习惯，而是深层意识中女性作为审美客体的传统思维定式，这是具有颠覆意义的审美突破。

第三种方案也是当代女性之美的最根本实践方式，就是通过呼吁和强调美的个体化、多元化和民主化，号召人们在生活中争取选择的自由，即由自己做出风格化的美的选择。只有在这种选择自由和多元化的社会，作为社会人的个体才能真正感到自由、轻松和愉悦。在这种审美态度自由化的社会中，每个个体都能够按照自身的审美情趣和标准去塑造自己认为美的身体和生活艺术，这意味着，个体既可以选择按与其他人相同的审美眼光评判美的标准，也能够选择按自身的尺度衡量事物的美与不美，如此才能够建造一个最自由、最少压抑的当代社会，这既是福柯设想的性道德的第三阶段，亦是女性主义梦想的自由平权时代。

但是，在理论层面对各种占据主导地位的传统文化进行颠覆和超越，远远比在真实世界中的实践容易。在现实社会中，对抗这种自由理想的规训力量总是强大并且无处不在的，这些力量并不因个人的意志而转移，它们通过惩罚与奖励的手段，使意志不够坚定的人重新变得驯服。苏珊·波尔多就对此提出警告："对于标准化管理或统治的真正抵抗所要求的，至少是个人对风险的承担。因为这会让个人在真实的实践中，将自身变为与他人不相同的个体，而不是号称具有颠覆性的文本游戏。"[①] 在充满相互交流的人类日常生活中，镇压是真实存在的。在真实生活中，弥漫着无数因为反抗而遭到惩罚的经验恐惧，使个体不敢轻易冒风险对传统规则发起反抗。与此同时，这些传统机制为驯顺者提供的利益奖励，又极力诱使人们遵循社会实践规范，让个体自愿放弃自由选择的权力。

对于充满现代性精神的勇者而言，超越自身的美学实践是现实可能的，虽然它是冒险的事业，也是艰难的实验。"从存在中获取的最大收获和最大乐趣的秘诀就是过危险的生活。"[②] 事实上，只有当社会中有越来越多的个体——不仅是男性，还包括女性以及其他性别选择者，愿意承担风险并完成属于自己的个性化选择，创造艺术化的个体生活，传统社会中的强制性权力才能够被削弱，并最

---

① Susan Bordo, "Feminism, Foucault and the Politics of the Body", *Reconstructing Foucault. Essays in the Wake of the 80s*, Amsterdam, Atlanta, GA: Rodopi, 1994, p. 243.

② James Miller, *The Passion of Michel Foucault*, Cambridge: Harvard University Press, 2000, p. 346.

终被瓦解消散。唯有如此，当代女性主义不断追寻的那个在性、性别、身体与审美问题上呈现出个体化、多元化和民主化特征的理想社会，才能最终成为现实。

第六章　思想的边界

世界上任何一位思想家都有自身的边界与限度，福柯当然也不例外。譬如，哈贝马斯就曾将福柯评价为一名"保守主义者"，因为他放弃了现实中的改革运动，逃往美学去寻求精神安慰。哈贝马斯还对福柯提出的生存美学理论发出批判："所有这些将艺术与生活、虚构与现实、表象与实在拔高到同一层面；这些试图取消人工制品与使用对象之间的差异；这些试图宣布凡事皆为艺术，凡人皆为艺术家；这些试图取消所有的标准，将审美判断等同于客观经验的表现。诸此许诺，都已经证明自身是胡闹的誓言。"①

新实用主义哲学家罗蒂（Richard Rorty）则指出，福柯的美学理论对当代社会可能带来负面影响，并以警示的态度做出评论："在我看来，浪漫知识分子的自我克服、自我创造的目标对知识分子个人而言是个好的模式，或是很好的模式之一，但是对社会而言确是一个很坏的模式。"② 另外，鲍德里亚（Jean Baudrillard）在《忘记福柯》（Forget Foucault）一书中，以一种质问语气对《性史》发出反问："如果性里不再有性，那是什么？我们亲眼看到了性解放和色情化给性理性带来的痛苦。"③

---

① 王岳、尚水：《后现代主义文化与美学》，北京大学出版社1992年版，第12页。
② 李晓林：《福柯的"生存美学"》，《文史哲》2003年第5期。
③ ［法］让·鲍德里亚：《忘记福柯》，汪民安等编：《福柯的面孔》，文化艺术出版社2001年版，第515页。

尽管福柯的生存美学为当代个体的生存境遇提供了重要的理论启示以及实践指导，但也体现出其思想体系中的一些盲区。譬如，福柯对传统主体论进行的谱系学批判，是他建构生存美学的基础和出发点；而对身体的剖析则是他的谱系学批判的基本组成部分之一。在对人的身体进行分析时，福柯将身体处理为某种"非性别的"身体。但是在现实社会中，女性的身体则往往被社会传统标准规训为比男性更加驯服的身体，有批评甚至认为，福柯在重新制造女性的"不可见性"①。李银河认为，"像他这样涉猎了很多学科和很多重大话题的'一般知识分子'（相对于特殊的专业知识分子）竟然几乎没有提到过性别问题，不能不被认为是他所处的优越社会地位（白人，男性）和性倾向（男同性恋，与女人几乎不发生关系，对异性毫无兴趣）所带来的局限"②。当然，作为自然人（natural person），福柯也是生活在某特定时代和社会背景中的个体，必然具有源于自身社会地位和生存处境的限制，本书就福柯思想在当代可能引起的争议展开分析和探讨。

第一节 性别差异的盲区

福柯有关性、身体以及主体的批判性理论，为当代思想世界开辟了新的视域，而且他将谱系学作为一种历史学方法对社会既定的概念和秩序发起了挑战，从而为人们反思自身的生存境遇提供了可能性。福柯对性的态度，即认为性和性别是社会建构的结果，孕育出了 20 世纪 90 年代性激进派的酷儿理论。虽然福柯对身份政治的抵制以及他拒绝对象选择的精神分析概念，与一些酷儿身份理论并

---

① S. L. Bartky, "Foucault, femininity and the modernization of patriarchal power", *Femininity and Domination: Studies in the Phenomenology of Oppression*, London: Routledge, 1990, p. 29.

② 李银河：《女性主义与性》，中央电视台国际频道文化大讲堂，2003 年 3 月 16 日。

不一致，但是这种建立在福柯、巴特勒等人思想基础上的理论，已在当代产生出越来越重要的影响力，而这些激烈的思想亦成为人们争论的焦点。虽然西方的女性主义是建立在福柯关于性别角色以及性的历史建构的批判之上的，但是，一些女性主义学者已经注意到福柯描述的男权主义主体性和伦理取向的局限性，其中的一种批判性意见是，福柯忽略了自身美学体系中的性别问题，在分析中没有对身体规训的性别特征给予足够的重视，这也导致他在理论的构建过程中产生了灰色区域，以及他的社会理论表现出明显的性别盲视。福柯毫无区别地把身体看作是中性的，因此无法说明男性、女性和现代规训制度之间的不同关系。

福柯认为，人们无法先验地断定个体自然性的差异，并且得出结论，即人的自然性并不存在。美国女性主义学者巴特基（Sandra Lee Bartky）集中分析了关于女性的不同实践和话语，详细阐释出统治女性的权力是如何控制女性身体的，并为人们提供了一种颇具差异性的考察结论。福柯对规训权力展开的研究主要着眼于监狱和精神病院等规训机构；而巴特基通过研究认为，规训女性身体的那些制度其实更加游移不定，它们没有明确的实施领域，因而很难被定位。这种制度性结构的缺乏最终导致的结果是，作为主体的女性秉承女性的特质是一件自然的并且自动的事情。巴特基还认为，福柯在作品中并没有全面考虑到社会上为制约女性而采用的不同的规训女性身体的方法。现实并非如福柯所设想的那样，即权力采用同样的结构，无区别地对男性和女性身体加以控制。[①]

与此类似，布莱恩（Patricia O'Brien）也对福柯的权力谱系理论提出了批判。她认为，福柯在分析监狱系统对男性的规训之余，并没有注意这种权力作用于女性身体的其他规则，这意味着，在福柯的研究中，女性和男性囚犯没有得到合理的区分。通过统计大量

---

① 胡可清：《身体理论女性主义经验遮蔽》，《河北理工大学学报》（社会科学版）2011年第2期。

犯罪资料，她得出结论，导致女性入狱的犯罪行为大多是盗窃，而这和男性犯罪者的情况是一样的。布莱恩认为，在某些方面，"不同性别的囚犯在年龄、社会背景和职业上有相似之处"①。然而，近现代的社会学研究提出，女性次等的生物构成是女性犯罪的主要根源，这明显与女性的生理特征有本质关联，因为女性比男性弱小、紧张、多疑。这些研究还认为，女性的自杀或谋杀行为更可能被社会看作是由于子宫的功能紊乱所引起。在一些女性犯罪分析中，更有意向将女性性行为视为是病态的和退化的，甚至有一种普遍认同的观点提出，女性的生物特性决定她的行为，因此受社会的影响并不大。由此导致社会主流舆论偏向于认为，女性犯罪者基本上是由于本性难移，因此她们不太容易像男性那样接受改造。与此相对，男性犯罪的根源则是社会性的而非源于身体机能的紊乱。所以，惩罚制度对女性犯罪者的作用并不会得到显著的体现，而福柯对监狱中的权力观察，并没有对这些问题做出区别判断，因此可能存在分析盲点。

由于福柯的研究在一定程度上忽略了两性之间的性别差异，如果不加区别地全盘借鉴其理论，甚至可能继续帮助社会维持那种植根于中性理论的性别歧视，从而导致女性永远沉默并始终处于弱势地位。②巴特基的批评是有道理的，但是也具有极端的一面。譬如，巴特基过分强调控制女性的策略与男性完全不同，这种强调的结果或许会造成人为的两极分化，从而使思想重新陷入二元对立的困境中，这样的结果反而会将女性从男性社会领域中更加彻底地被排除出去。她认为，当社会中的女性以前所未有的方式获得政治的、经济的和性的觉醒时，她们依然完全处于父权统治无处不在的凝视当

---

① Patricia O'Brien, "Crime and Punishment as Historical Problem", *Journal of Social History*, Princeton: Princeton UP, 1978, pp. 514–518.
② 胡可清：《身体理论女性主义经验遮蔽》，《河北理工大学学报》（社会科学版）2011年第2期。

中。巴特基不断强调，女性就是父权统治的被动牺牲品。这种研究结论略显极端地简化了女性在传统社会中的受压迫历史，而且女性身份的建构也被大大简化为单纯受父权统治的过程，作为另一个极端的单一视角的判断，必然也是偏颇的。事实上，女性身体的历史不应当也不可能完全与男性身体的历史决然分开。为了真正追寻自身的解放，人们应当积极理解并承认历史对女性进行建构的方式。当然，女性的身体是晦涩难懂的，面对这一复杂领域，人们必须在分析中对女性身体的特殊规训策略展开更多考察。无论如何，女性和男性以及所有其他的性别身份，都是作为社会权力系统的运作结果而共同存在的，因此是不可分割的，它们都与人类历史的持续变迁紧密地关联在一起。

第二节 女性和他者的问题

一些女性主义学者在研究时指出，虽然福柯在对感兴趣的领域进行调查的过程中，建立了一种自律自治的生存美学模型，但是这个模型的宗旨却是要求男性克服女性特有的"无节制、过度、极端"（immoderation），并且从这些问题造成的困境中抽离出来，将自身变成艺术创作的场所。这种模型不仅在《性史》的第二卷《快感的享用》和第三卷《自我的关怀》中得以体现，还在他谈论启蒙的文章中获得了表达。

在《什么是启蒙》中，福柯将古希腊罗马时期关于自身的理念、康德的美学思想以及波德莱尔对现代性的定义联系起来，并由此推导出一种自律自治的现代性的生存美学模型。事实上，福柯感兴趣的并不是作为诗人的波德莱尔，因为这位诗人在福柯眼中，更是一种理想化的男性偶像。福柯相信，浪荡主义代表着一种特殊的现代性态度，它相关于"自我的修养"（culte de moi），这种态度使人们拥有将自身的身体、行为、激情和存在变为艺术品的意愿。

在此，作为偶像化身的波德莱尔成功地传达出一种现代性态度，即充满活力的、试图将自身生命转化为艺术创作场所的个体——浪荡子。另外，在早期对先锋派文学的研究中，福柯将疯癫的男性思想者和男性艺术家设立为研究对象；在后期对"生活的艺术"进行考察的过程中，他亦将具有超越性质的男性以及性解放思想作为研究主体。因此，福柯对自身的现代性审美阐释中，明显表现出对女性事例关注的缺乏。

更有激烈的批评认为，福柯并没有（或是主动忽略掉了）指出浪荡子的定义，而这一概念对波德莱尔和福柯以及许多男性思想家而言，正是建立在与所谓的女性特征相互对立的基础上。譬如，在古希腊罗马时期有关自身的理念建构中，女性与自我管制（self-government）在很大程度上就是对立的一对概念。在波德莱尔那里，女人与浪荡子也处在结构性的对立面上，并且这两者在他的理论逻辑中是不可能合一的。① 而这一点在波德莱尔早期对浪荡子的定义中表达得非常清楚。浪荡子具有"人工的""纯粹的美"等特点，然而"女人"则是某种自然的、性别上具有不可控因素的造物，这两者本身就是在严格意义上对立的。

波德莱尔说："女人就是浪荡子的对立面。因此，她是可怕的。女人饿了就想吃饭，渴了就想喝水。她有了欲望就想做爱。……女人是自然的，即是说，她是令人厌恶的。因此，她总是庸俗的。"② 在《旅行》（Le Voyage）一诗中，波德莱尔更是说："女人乃是卑贱的奴隶，傲慢而愚蠢，敬自己而不嘲笑，爱自己而不厌弃。"③

因此，对波德莱尔而言，女人的性别代表的是某种有问题的、

---

① Janet Wolff, The Invisible Flâneuse, Women and the Literature of Modernity, *Theory, Culture and Society* 2, 1985.

② Charles Baudelaire, *Dandies. Baudelaire et Cie*, edited by Roger Kempf, Paris: editions du Seuil, 1977, p.69.

③ ［法］波德莱尔:《恶之花——巴黎的忧郁》，钱春绮译，人民文学出版社1991年版，第317页。

甚至是可怕的东西。福柯在波德莱尔的基础上，结合古希腊罗马时期的社会观念，将女人的性别与极端、无度、追求瞬间的快感联系起来，并将之与个体的自我管制区别开来。另外，波德莱尔还将男人观察女人时，与男人观察具有审美性外表的男性浪荡子时获得的审美快感进行了区分。在他看来，女性的身体由于自然所限，本身就不是完美的存在。因此女性不可能如同那些完美的男性身体一样得到纯粹的审美享受。① 因此，波德莱尔意义上的浪荡子，暗示的是美和高等智力；女性的美则是脆弱的、装饰性的、整体中的部分。总而言之，波德莱尔眼中的女性们"可能是愚蠢的"（stupide peut-être）②。

波德莱尔在文本中，在诗人想象的城市空间中，即"现代性"的世界中，勾勒出一种女性的概念。但是，这位充满想象力的诗人使得女性被放置在"充满活力的审美性主体"的类别之外，并被男性的同类逻辑删除掉了。因此，女性作为第二性，在波德莱尔的男性中心主义的"现代性"中，是不被欣赏的，甚至是不被赋予正面价值的。或许由于这种原因，波德莱尔完全不欣赏浪荡子身上雌雄莫辨的那部分气质，因为这是女性才应具有的特征。女性与浪荡子之间严格的结构性对立，也体现在波德莱尔对女性浪荡子的描述中。他认为，女性浪荡子是不可能存在的，因为那些穿着和谈吐貌似浪荡子的女人们并不懂得思考，她们也不懂得如何像一个真正的游荡者（vrai flâneur）那样游览、观察人群和城市的街道。因此，波德莱尔形容那些在巴黎咖啡馆中穿着入时的女性浪荡子是"自恋且愚蠢"的，尽管她们具有审美性的现代外表。③

英国当代女性主义学者格里塞尔达·波洛克（Griselda Pollock）

---

① Charles Baudelaire, *écrits sur l'art*, edited by Francis Moulinat, Le Livre de Poche, 1999, p. 540.
② Ibid., pp. 513 – 539.
③ Charles Baudelaire, *le peintre de la vie modern*, *l'art romantique*, Paris: GF Flammarion, 1990, p. 80.

第六章 思想的边界

认为，波德莱尔在阐述浪荡主义的文本中，显示出一种家里与外部的自由空间的对立。在外部空间中，浪荡子能够自由地去观察而不被观察，甚至在看的行为过程中不被其他人发觉。因此，这样的空间就是旅行者（voyeur）、漫游者（flâneur）、浪荡子（dandy）和现代艺术家（modern artist）设想的理性空间，个体在其中是自由的。但是，这种自由仅仅针对男性。在其作品中，波德莱尔一再重复着当时的某种普适前提，即女性和智慧是相互对立的。因此，不可能存在任何与带有明显男性主义色彩的漫游者或者浪荡子相平等的女性角色，或者说，那里没有也不可能有任何女性漫游者（la flâneurse）[1]。

法国学者弗莱德里克·蒙尼龙（Frédéric Monneyron）指出，法国在19世纪中期的厌女症（aesthetic misogyny），就是由18世纪的思想家，譬如叔本华、康德和伯克等对女性的看法发展而来的。[2] 由于受到这种影响，从母亲、妻子、女服务生和各种被动的审美对象来看，女性发现她们唯一应当完成的任务就是去取悦男人的眼睛，去爱男人并且照顾他们的孩子。她们是现代"启蒙"了的男性应该去克服的"未被控制的自然"（uncontrolled nature）的代表，并因此成为近代以来启蒙思想的受害者。在此意义上，她们并没有被包含到个体的解放运动中，相反，却被视为启蒙进程中的反面教材。

由此可见，女性主体的地位是一个相对男性而言更为复杂的问题。福柯选择波德莱尔和康德作为现代性考察的对象，在某种程度上而言，是明显带有特定性别取向的，他忽略了女性和"他者"（other）在现实中面临的生存境遇问题。当然，许多学者都积极肯

---

[1] Janet Wolff, "The Invisible Flâneuse, Women and the Literature of Modernity", *Theory, Culture and Society* 2, 1985.

[2] Frédéric Monneyron, *Le Dandy fin de siècle*, *Entre l'androgyne et misogyne*, *l'Honnête homme et le dandy*, edited by Alain Montandon, Gunter Narr Verlag Tübingen, 1993, p. 200.

定福柯的生存美学在当代社会的重要性,并为其辩护。譬如,尼尔·莱维(Neil Levy)就对质疑者表示:"福柯并未主张,规则与伦理之间唯一的关系就是互相排斥。"① 然而,莱维也注意到在这种生存美学理论中,福柯过于强调和注重个体对自我的关心;在对"他者"的问题上则表现出一种忽略的态度,即福柯的思想并没有对"他者"给予足够的呵护和重视。诚然,在这种生存美学的理论中,个体将"关怀自身"设立为唯一的目的并没有过错,真正的问题在于,个体如何合理恰当地处理与"他者"的关系。事实上,自我和"他者"由于观察的角度不同,两者甚至存在着可以相互兑换的关系。这就意味着,"他者"并不应当仅仅被看待为关怀自我的手段。人们当然可以如福柯提议的那样,将"关怀自身"作为生活的最高目标,不过这种生活美学的前提是,在个人实施"关怀自身"的过程中,不仅将"他者"作为对象,同时也将其作为个体创造生活艺术美的目的。

因此,人们对这种生存美学的主要批判就在于,尽管福柯强调多样性、不同性和非连续性,但是他对生存美学的谱系展开的考察,主要还是来自一种男性中心主义的角度。并且,福柯在构建生存美学模型的过程中,并没有提供充分的自我考察或针对种族、等级和性别的批判,因此不可避免地忽略了"他者"(other)的问题,这在一定程度上回避了现实生活环境的复杂性,造成了理论的缺憾。

第三节 不平等的关怀自身

从整体看,福柯对西方传统社会宣扬的启蒙合理性以及这种理性思想主体的批判是深刻而且充满创造性的,他通过多条途径展开

---

① 李晓林:《福柯的"生存美学"》,《文史哲》2003年第5期。

第六章 思想的边界

对传统启蒙和理性思想的攻击，以至于其结论对当代社会的文化结构具有高度的破坏性。福柯的批判思想更是对女权主义和后殖民主义的启蒙思想批判起了重要的指引作用。[①] 但是，这一系列批判反映出一种事实，即不论康德还是福柯倡导的启蒙，均有明显的男性中心主义的性别特征，以及欧洲中心主义（尤其是白人男性中心主义）的谱系结构，这使得福柯的思想理论受到了各种来自当代的质疑和挑战。

福柯并未能够从某种平等无偏见的角度出发对主体性做出剖析，因此，福柯对主体的重新设立过程显得较为绝对化，它排除了其他的理论选择的可能性。这就意味着，由于福柯并未在理论中预设出一种不带有任何"霸权形式"的主体性，这必将导致在一系列与主体相关的理论体系中出现不平等的问题。

虽然福柯本人对古代社会有关个体关怀自身的思想资源持有谨慎的借鉴态度，他很清楚地看到，古希腊罗马社会中存在着大量不平等现象（这是一个男权主宰的奴隶社会，人们几乎听不到任何女性和奴隶在主流社会中所发出的声音）。在此时期，女性与奴隶作为非精英人群，处于一种被忽视的劣等地位。福柯甚至也表示："希腊的肉体快乐伦理学与其男性社会有关，与不均等、不考虑他人、迷醉于渗入、剥夺对方能力的威胁等等有关。所有这些都令人厌恶。"[②]

虽然福柯看到了这种不平等结构，并也宣称自己研究的主要目的是为个体寻找有关自身生存境遇的当代启示，而不是寻找某种替代。但是，作为解决方案而被提出的"关怀自身"，无论如何仍是属于精英人群和贵族的一种特权。在古希腊罗马社会中，只有当奴

[①] ［英］路易丝·麦克尼：《当代世界前沿思想家：福柯》，贾湜译，黑龙江人民出版社1999年版，序言。
[②] ［美］L. 德赖弗斯、保罗·拉比诺：《超越结构主义与解释学》，张建超、张静译，光明日报出版社1992年版，第300页。

隶承担绝大多数的体力生产劳动职责后，贵族们追求的"关怀自身"才能成为可能。因此，这种"关怀自身"，实际上还是在一种对社会平等性的忽视的基础上得以构建的美学追求。"它只限于少数人，它并不是为所有人提供一种行为标准，而是少数杰出人物的个人选择……它只是少数摆脱了从事社会物质再生产的特权者的计划。"① 因此，隐藏在"关怀自身"中的精英主义的不平等特权，造成了这种以个体为核心的生存美学理论的不完美。

然而，福柯思想中被质疑和批判的部分，正是当代思想者需要不断努力加以完善的部分。只有在理论和实践的双重维度超越了性别、伦理观、社会等级和身份认知问题的界限，个体才能在真正意义上进行自我的关怀，创造生活的艺术，并成为自由解放的审美个体。

第四节　福柯之后的思想延续

在思想的过程中，福柯将矛头对准了现代社会文化的要害，他的研究理论影响了后结构主义、后殖民主义、新历史主义、医学人类学等领域的思想建构，并引导了当代身体理论、女性主义与酷儿理论、空间理论的成形与发展，这意味着，福柯的思想几乎覆盖了20世纪下半叶以后的全部人文社科流派。

在福柯创造性的"成问题化"（problématiser）思考模式的启发下，当代思想开始了对自身的全面反思与批判，通过不断地审视和探索，持续地提出问题并寻找真正的生存道路。正是在这样一种创造原则的指导下，人们开始试图用自由洒脱的态度，面对冷酷且异化的现实社会，保持着以乐观和自然的"无所谓"态度，在各种创造活动中冒险，去品尝创作的困难中所隐含的各种复杂的酸甜苦辣

---

① ［美］L. 德赖弗斯、保罗·拉比诺：《超越结构主义与解释学》，张建超、张静译，光明日报出版社1992年版，第295页。

的滋味，也就是在一种精神炼狱中寻求最大的自由。①

福柯的辞世并没有使得他的思想在当代社会中逐渐变得黯淡无光，德勒兹宣布，这个世纪将被称作"福柯时代"。福柯之死在法国知识界造成了一个巨大的空白。福柯的同事布尔迪厄将这位哲学家的思想总结为，"对社会界限之超越性的漫长探索，并且与知识和权力永远不可分割地联系在一起"②。在现代历史上，没有任何一个思想家像他那样对历史学、哲学、文学和文学理论、社会科学乃至医学产生如此之大的影响。③ 哈贝马斯相信，"在我这一代对我们的时代进行诊断的哲学家圈子里，福柯是对时代精神影响最持久的"。

事实上，在20世纪60年代迄今的半个世纪中，西方现代文明的合理性受到了持续性的批判与解构，传统文化的权威价值被彻底怀疑，这种文化的基础亦受到剧烈冲击。不过，此时期的学者（包括福柯在内）仍是倾心于对社会文化的批判和否定，并未对破解之后的修整性方案提出明确的安排或规划。因此，面对这些被否定的传统，这些文化的叛逆者亦感到，除了继续佯装狂欢在虚空中以外，也没有别的办法去回避那些已经谈论过的理念和梦想的再生产，亦没有办法去避免其狂欢的"永恒的复归"④。

德里达曾经说："我是一位流浪的哲学家（Je suis un philosophe errant）。"这是一种福柯之后典型的人生态度，也正符合福柯推崇的古希腊社会以"无为"作为生活目标的乐观主义理想。事实上，流浪者才是那个有可能成为"人"的希望者，后现代为人类开启了一场在无目的的流浪中不断寻求生活希望的旅程，而只有这样的人心

---

① 高宣扬：《后现代论》，中国人民大学出版社2005年版，第63页。
② DidierEribon, *Michel Foucault*, translated by Betsy Wing, Cambridge, MA: Harvard University Press, 1991, p. 328.
③ 刘北成：《福柯思想肖像》，上海人民出版社2001年版，第7页。
④ 高宣扬：《后现代专题》（同济大学哲学系课程纲要），2004年9月至2005年2月。

中，才真正存有对生活的希望。

这一切的改变并不能归于福柯一人。虽然福柯的作品常被评价为"暗黑且悲观"的，但是它们却以哲学之光揭开了统治的领域，让人们理解自身是如何被统治的，并努力建立一种社会结构，以最大限度地降低这种统治风险。如此看来，它们仍然为乐观保留了一席之地。① 事实上，这种反叛精神是由一条长长的挑战者名单共同组成的。从福柯之前的萨德、鲁塞尔、马拉美、布朗肖、尼采与巴塔耶，到与福柯处于同一个时代的德里达、德勒兹、利奥塔、萨特、布尔迪厄、阿尔都塞，再到福柯之后的巴勒特、保罗·利科（Paul Ricoeur）等，他们表现出的勇气与智慧，共同描绘出一种社会文化批判的当代图景。

作为先驱者，他们率先开始挑战长久以来被盲目崇拜着的西方现代文化，并向人们发出觉醒的呼唤。在整个世界对西方现代文化的一片赞美声中，他们却将冷峻的批判矛头直指社会文化结构的根基。正是这种充满叛逆、怀疑和不断追求自由的精神，才有可能为改造整个人类社会文化带来真正的希望。

因此，受到这些开拓者的影响，现代人亦开始追求一种新的生存状态，不断地将自身的生活艺术化和美学化。这种生存美学并不单纯地将艺术作为生活的手段和工具，而是将艺术视为生活的本体，就是生命自身。艺术的本质就是游戏，因此艺术作为生活的典范，就是生命的真正理想场域。这样一来，后现代的生活方式就是游戏生活，或者说，就是在游戏中生活，在游戏中寻求新的自由，并在游戏中不断创新。②

---

① PhilipStokes, *Philosophy*: 100 *Essential Thinkers*. Kettering: Index Books, 2004, p.187.

② 高宣扬：《后现代论》，中国人民大学出版社2005年版，第74页。

结　　语

本书通过对于启蒙、现代性、关怀自身等概念的分析，勾勒出福柯的生存美学理论，并阐明该理论在论述个体解放的意义上，是如何与康德的启蒙哲学以及波德莱尔的现代性美学产生联系的。在此基础上，本书还分析了福柯提出的将自身生活变为艺术品的当代生存模型，并说明该模型如何能够引导个体克服各种现代性问题，譬如城市、理性、生产等带来的与自身主体之间的疏远与隔离。

福柯提出的关于自身的美学，在"现代性"框架中形成了一种特殊的理论模式，他不仅以批判性的观点讨论了康德和波德莱尔的思想，同时也将当代美学问题置入古希腊罗马时期与自身相关的理论中进行比较分析。他反复强调了康德和波德莱尔以各自所处时代的特定方式提出的"现代性"问题，即"什么是当代"。

如果将这些主题放置在现代性的语境中进行考察，那么，福柯的批判性思想可能开启一套有关启蒙的新版本。因为这种思想不仅指向康德的"高端"理性，亦指向波德莱尔的"低端"现代性。康德指出，如果要达到一个更成熟的存在阶段，人们必须对自身以及人们周围的世界保持恒久的批判态度。波德莱尔的现代性美学，则要求人们更多地去思考自身所处的时代以及个体自身。在这种充满内在张力的思想推动下，福柯开创了一种新的关于启蒙理性和现代性的版本。

事实上，福柯并没有简单地延续着康德哲学将启蒙作为"出口"或"出路"的诠释，而是创新地将它理解为一种"超越"活动，即一种对加在自律（伦理、政治和审美层面上的）上的对各种界限的超越。由此，这种启蒙不仅意味着"高端"意义上理性的、普遍的点亮与开启，也是"低端"意义上激情的、身体性的、历史性的实践性超越。其后，福柯通过对权力、知识、真理、自律与解放等概念的解构，引导出"主体的对象化"分析，并对我们自身的命运发出追问："我们应当如何在当代构建起作为主体的自身。"最终，福柯将目光转向古希腊罗马时期，尝试寻找出一条适用于当代社会的生存之道，即一种主体化的艺术，旨在将个人的生命和身体转变为活生生的艺术作品的创作场所。这种生存美学与个体自身的生活境遇紧密相连，这种关于自身的美学既不应被作为一种理论或教条，也不应当将它看作是一套永恒的知识体系，而是应当将它理解为一种气质或是态度，一种哲学式的生活。

在此基础上，本书尝试将福柯的美学理论与女性主义相结合进行分析。福柯提出的生物权力范式，对性、身体以及主体的思考，关怀自身的美学实践以及他对"边缘性的性行为"和非主流人群表达出的深厚同情，持续影响着现代女性主义的发展，并指引人们不断超越性别、伦理观、社会等级和身份认知的界限，朝向自由解放的审美目标而奋斗。

最后，本书还指出这种生存美学理论可能存在的局限性，并指出当代美学从真正平等的角度做出新思考的必要性，由此为追寻美好生活的人们开启一种当代新视野的可能性。

参 考 文 献

一 福柯著作
1. 外文部分

[1] *Maladie mentale et Personnalité*, Paris: P. U. F., 1954.

[2] *Folie et Dérason*, Histoire de la folie à l'âge classique, Paris: Plon., 1961.

[3] *l'anthropologie de Kant*, Paris: Bibliothèque de la Sorbonne, 1961.

[4] *Maladie mentale et Psychologie*, Paris, PUF, 1962.

[5] *Naissance de la clinique*, Une archéologie du regard médical, Paris: PUF, 1963.

[6] *Les Mots et les Choses*, Une archéologie des sciences hmaines, Paris: Gallimard, coll. Bibliothèque des sciences humaines, 1966.

[7] *l'archéologie du savoir*, Paris: Gallimard, coll. Bibliothèque des sciences humaines, 1969.

[8] *The Order of Things*, An Archaeology of the Human Science, London: Tavistock Publications, 1970.

[9] *l'ordre du discours* (Leçon inaugurale au Collège de France), Paris: Gallimard, 1971.

[10] *The Birth of Clinic*, An Archaeology of Medical Perception, New York: Pantheon, 1973.

[11] *Surveiller et Punir*, Naissance de la Prison, Paris: Gallimard,

coll. Bibliothèque des histoires, 1975.

[12] *Histoire de la sexualité*, Vol. Ⅰ: *La Volonté de savoir*, Paris: Gallimard, coll. Bibliothèque des histoires, 1976.

[13] *Nietzsche, Genealogy, History. In Language, Counter-Memory, Practie: Selected Essays and Interviews*, edited by By D. F. Bouchard. Ithaca: Cornell University Press, 1977.

[14] *The History of Sexuality: An Introduction*, translated by R. Hurley and Harmondsworth, London: Penguin, 1978.

[15] *Histoire de la sexualité*, Vol. Ⅱ: *l'Usage des plaisirs*, Paris: Gallimard, coll. Bibliothèque des histoires, 1984.

[16] *Histoire de la sexualité Vol. Ⅲ: Le Souci de soi*, Paris: Gallimard, coll. Bibliothèque des histoires, 1984.

[17] *Le sexe comme une morale*, Le Nouvel Observateur, n. 1021, 1 – 7 juin, pp. 86 – 90 (entretien avec H. Dreyfus et P. Rainbow, université de Berkeley, avril 1983), 1984.

[18] *Dits et écrits*, eds. Daniel Defert and François Ewald, Paris: Gallimard, 1994/1984.

[19] *Essential Works of Foucault 1954 – 1984*, edited by Paul Rabinow, The New Press 1997/1984.

[20] *The Use of Pleasure, The History of Sexuality, Vol. Ⅱ*, New York: Pantheon Books, 1985.

[21] *The Foucault Reader*, edited by Paul Rabinow, New York: Pantheon, 1985.

[22] *La pensée du dehors*, Montpellier, Fata Morana (rééd, de l'article de Critique, n. 229, juin 1966, pp. 523 – 546), 1986.

[23] *Herméneutique du sujet*, Concrodia. Revue internationale de philosophie, n. 12, pp. 44 – 68 (extraits du cours du Collège de France, année 1981 – 1982, l'hermènertique du sujet), 1989.

[24] *Qu'est-ce que la critique? Crtique et Aufklarüng*, Bulletin de la Société française de philosophie, 84 année, n. 2, avril-juin, pp. 35–63. 1990.

[25] *Dits et écrits. Vol. IV*, Paris：Gallimard, 1994.

[26] *Il faut défendre la société*, Paris：Gallimard/Seuil, 1997.

[27] *Ethics：Subjectivity and Truth*, edited by Paul Rabinow, New York：The New Press, 1997.

[28] *The History of Sexuality, Vol. I*, translated by Robert Hurley, London：Penguin, 1998.

[29] *Les Anormaux*, Paris：Gallimard/Seuil, 1999.

[30] *l'Herméneutique du sujet*, Paris：Gallimard/Seuil, 2001.

[31] *Le pouvoir psychiatrique*, Paris：Gallimard/Seuil, 2003.

2. 中文部分

[32]《权力的眼睛》，严锋译，上海人民出版社1997年版。

[33]《福柯集》，杜小真编，上海远东出版社1998年版。

[34]《知识考古学》，谢强、马月译，生活·读书·新知三联书店1998年版。

[35]《必须保卫社会》，钱翰译，上海人民出版社1999年版。

[36]《疯癫与文明》，刘北成、杨远婴译，生活·读书·新知三联书店1999年版。

[37]《规训与惩罚》，刘北成、杨远婴译，生活·读书·新知三联书店1999年版。

[38]《性史》，佘碧平译，上海人民出版社2000年版。

[39]《临床医学的诞生》，刘北成译，译林出版社2001年版。

[40]《词与物》，莫伟民译，上海三联书店2001年版。

二 研究著作

1. 外文部分

[41] J. G. Merquior, *Foucault*, London：Fontana Press/Collins, 1985.

[42] Frances Bartkowski, *Feminism and Foucault: Reflections on Resistance*, Boston: Northeastern UP, 1988.

[43] Jonathan Arac, *After Foucault: Humanistic Knowledge, Postmodern Challenges*, London, Rutgers University Press, 1988.

[44] I. Diamondand L. Quinby, *Feminism and Foucault: Reflections on Resistance*, Boston: Northeastern University Press, 1988.

[45] Didier Eribon, *Michel Foucault (1926 – 1984)*, Paris: Flammarion, 1989.

[46] Lois McNay, *Foucault and Feminism: Power, Gender and the Self*, Cambridge: Cambridge University Press, 1989.

[47] James William Bernauer, *Michel Foucault's Force of Flight: Toward an Ethic for Thought*, Atlantic Highlands, NJ: Humanities Press International, 1990.

[48] Roy Boyne, *Foucault and Derrida: the Other Side of Reason*. London: Unwin Hyman, 1990.

[49] Graham Burchell, Gordon, Colin and Peter Miller (eds.), *The Foucault Effects*, Studies University of Chicago Press, 1991.

[50] Peter Burke, *Critical Essays on Michel Foucault, Critical Thought Series* 2, Cambridge: Scolar Press, 1992.

[51] Lois McNay, *Foucault: A Critical Introduction*, Polity Press, 1994.

[52] Susan Bordo, *Feminism, Foucault and the Politics of the Body. Reconstructing Foucault. Essays in the Wake of the 80s*. Amsterdam, Atlanta, GA: Rodopi, 1994.

[53] David M. Halperin, *Saint Foucault: Towards a Gay Hagiography*, London: Oxford University Press, 1995.

[54] James D. Marshall, "*Needs, Interests, Growth and Personal Autonomy: Foucault on Power*", New York: Routeledge, Chapman

Hall, 1995.

[55] Frédéric Gros, *Michel Foucault*, Paris: Press Universitaires de France, 1996.

[56] David Couzens Hoy, *Foucault: A Critical Reader*, Oxford: Blackwell, 1999/1986.

[57] James Miller, *The Passion of Michel Foucault*, Harvard University Press, 2000.

[58] Christopher Norris, *What is Enlightenment: Kant and Foucault, Cambridge Companion to Foucault*, edited by Gary Gutting, Cambridge: Cambridge University Press, 2005.

[59] Gary Gutting, *Cambridge Companion to Foucault*, Cambridge: Cambridge University Press, 2005.

2. 中文部分

[60] [英] 路易丝·麦克尼:《当代世界前沿思想家:福柯》,贾湜译,黑龙江人民出版社1999年版。

[61] [法] 吉尔·德勒兹:《德勒兹论福柯》,杨凯麟译,麦田出版股份有限公司2000年版。

[62] [美] 詹姆斯·米勒:《福柯的生死爱欲》,高毅译,上海人民出版社2003年版。

[63] [德] 马文·克拉达:《福柯的迷宫》,朱毅译,商务印书馆2005年版。

[64] [英] 詹姆斯·D. 马歇尔:《米歇尔·福柯:个人自主与教育》,于伟、李珊珊等译,北京师范大学出版社2008年版。

[65] [瑞] 菲利普·萨拉森:《福柯》,李红艳译,中国人民大学出版社2010年版。

[66] 汪民安:《福柯的面孔》,文化艺术出版社2001年版。

[67] 刘北成:《福柯思想肖像》,上海人民出版社2001年版。

[68] 李银河:《福柯与性——解读福柯〈性史〉》,山东人民出版

社 2001 年版。

[69] 高宣扬：《福柯的生存美学》，中国人民大学出版社 2005 年版。

[70] 黄华：《权力、身体与自我——福柯与女性主义文学批评》，北京大学出版社 2005 年版。

[71] 汪民安：《福柯的界限》，南京大学出版社 2008 年版。

[72] 黄瑞祺：《再见福柯——福柯晚期思想研究》，浙江大学出版社 2008 年版。

三 其他著作

1. 外文部分

[73] Jules Michelet, *La femme*. Paris: Calmann-Levy, 1860.

[74] Maurice Merleau-Ponty, *La Structure du Comortement*, Paris: Gallimard, 1945.

[75] Maurice Merleau-Ponty, *Phenomenologie de la Perception*, Paris: Gallimard, 1945.

[76] John Dewaey, *The Problems of Men*, New York: Philosophical Library, 1946.

[77] Jean Cavaillès, *la Logique et la théorie de la science*, Paris: PUF, 1947.

[78] Maurice Merleau-Ponty, *Sens et non-sens*, Paris: Nagel, 1948.

[79] Ernst Robert Curtius, *European Literature and the Latin Middle Age*, translated by Willard R. Trask, Princeton: Princeton University Press, 1953.

[80] Simone de Beauvoir, *l'invitée*, Paris: Gallimard, 1957.

[81] Maurice Merleau-Ponty, *Phenomenology of Perception*, translated by Donald A. Landes, London: Routledge, 1962.

[82] Charles Baudelaire, *Baudelaire as a literary critic*, translated by

Francis E. Hyslop, University Park, Penn.: The Pennsylvnia State University Press, 1964.

[83] Immanuel Kant, *Political Writings*, edited by Hans Reiss, Cambridge: Cambridge Univeristy Press, 1966.

[84] Simone de Beauvoir, *Le deuxième Sexe*, Paris: Gallimard, 1967.

[85] Emilien Carassus, *Le Mythe du Dandy*, Paris: Librairie Arbmand Colin, 1971.

[86] Steven Lukes, *Individualism*, Oxford: Blackwell, 1972.

[87] Friedrich W. Nietzsche, *Vérité et Monsonge au sens extra-moral*, *In oeuvres philosophiques complète*, Edition de G. Coli et M. Montinari, tome I, Vol. II. *Ecrits posthumes*. Paris: Gallimard, 1975.

[88] Charles Baudelaire, *Oeuvres complètes*, Paris, Gallimard, 1976.

[89] Louis Althusser, *Essay in Self-Criticism*, London: New Left Books, 1976.

[90] Charles Baudelaire, *Dandies, Baudelaire et Cie*, edited by Roger Kempf, Paris: Éditions du Seuil, 1977.

[91] Friedrich W. Nietzsche, *Fragments posthumes*, *In oeuvres philosophiques complète*, Edition de G. Coli et M. Montinari, Vol. XIV, Paris: Gaillimard, 1977.

[92] Immanuel Kant, *The Philosophy of Kant*, New York: Modern Library, 1977.

[93] Stephen Greenblatt, *Renaissance Self-Fashioning: From More to Shakespeare*, Chicago: University of Chicago Press, 1980.

[94] Garol Gilligan, *In a Different Voice: Psychological Theory and Women's Development*. Cambridge, Mass.: Harvard University Press, 1982.

[95] Hans Robert Jauss, *Aesthetic Experience and Literary Hermeneutics*, *translated by* Michael Shaw, Minneapolis: University of Min-

nesota Press, 1982.

[96] Eric Warnerand Graham Hough, *Strangeness and Beauty: An Anthology of Aesthetic Criticism 1840 – 1910*, Cambridge: Cambridge University Press, 1983 – 1984.

[97] Jean-Franqois Lyotard, *The Post-Modern Conditions*, Manchester: Manchester University Press, 1984.

[98] Richard Benstein, *Habermas and Modernity*, Cambridge: Polity Press with Basil Blackwell, 1985.

[99] John O'Nell, *Five Bodies*, New York: Cornell University, 1985.

[100] Jurgen Habermas, *The Philosophical Discourse of Modernity*, Cambridge: Polity Press, 1987.

[101] L. H. Martin, H. Gutman and P. H. Huton, *Technologies of the Self*, Amherst: University of Massachusetts Press, 1988.

[102] Barbey de Aurevilly, *Du Dandysme & de George Brummel*, edited by M. C Natta, Paris: Éditions Plein Chant, 1989.

[103] Charles Taylor, *Sources of the Self: the Making of Modern Identity*, Cambridge, Mass. : Havard University Press, 1989.

[104] Rosi Braidotti, *The Politics of Ontological Difference: In Between Feminism and Psychoanalysis*, London: Routledge, 1989.

[105] Nancy Fraser, *Unruly Practices, Power, Discourse and Gender in Contemporary Social Theory*, Cambridge: Polity Press, 1989.

[106] Judith Butler, *Gender Trouble: Feminism and the Subversion of Identity*, New York: Routledge, 1990.

[107] Charles Baudelaire, *le peintre de la vie modern, l'art romantique*, Paris: GF Flammarion, 1990.

[108] Charles Baudelaire, *les fleurs du mal*, présentation par Jacqes Dupont, Paris: Gf Flammarion, 1991.

[109] Anthony Giddens, *Modernity and Self-Identity: Self and Society*

in the Late Modern Age, Cambridge: Polity Press, 1991.

[110] Scott Lashand Jonathan Friedman, *Modernity and Identity*, New Jersey: Wiley-Blackwell, 1992.

[111] Susan Bordo, *Unbearable Weight: Feminism, Western Culture, and the Body*, Berkeley: University of California Press, 1993.

[112] Charles Baudelaire, *écrits sur l'art*, edited by Francis Moulinat, Paris: Le Livre de Poche, 1999.

[113] Stéphane Mallarmé, *Crise de vers*, *la musique et les lettres*, Paris: Ivrea, 1999.

[114] Bell Hooks, *Feminist Theory: From Margin to Center*, *Preface to the Second Edition*, Boston: South End Press, 2000.

[115] Mary Douglas, *The Two Bodies*, *the natural symbols*, London: Routledge, 2003.

[116] Nader N. Chokr, *Unlearning Or How NOT to Be Governed?*, UK: Societies Imprint Academic, 2009.

2. 中文部分

[117] 柏拉图：《柏拉图文艺对话集》，朱光潜译，人民文学出版社1963年版。

[118] ［德］恩格斯：《反杜林论》，人民出版社2015年版。

[119] ［法］波德莱尔：《波德莱尔美学论文选》，郭宏安译，人民文学出版社1978年版。

[120] ［德］叔本华：《作为意志和表象的世界》，石冲白译，商务印书馆1982年版。

[121] ［法］笛卡尔：《第一哲学沉思集》，庞景仁译，商务印书馆1986年版。

[122] ［德］尼采：《权力意志》，张念生、凌素心译，商务印书馆1991年版。

[123] ［法］波德莱尔：《恶之花——巴黎的忧郁》，钱春绮译，人

民文学出版社 1991 年版。

[124] [美] 伽达默尔：《美的现实性》，张志扬等译，生活·读书·新知三联书店 1991 年版。

[125] [法] L. 德赖弗斯、保罗·拉比诺：《超越结构主义与解释学》，张建超、张静译，光明日报出版社 1992 年版。

[126] [德] 康德：《判断力批判》，宗白华译，商务印书馆 1993 年版。

[127] [德] 康德：《实用人类学》，邓晓芒译，上海人民出版社 2005 年版。

[128] [德] 康德：《历史理性批判文集》，何兆武译，商务印书馆 1996 年版。

[129] [法] 迪迪埃·埃里蓬：《权利与反抗——米歇尔·福柯传》，谢强、马月译，北京大学出版社 1997 年版。

[130] [美] 凯尔纳·贝斯特：《后现代理论》，张志斌译，中央编译出版社 1999 年版。

[131] [加拿大] 伊恩·哈金：《驯服偶然》，刘钢译，中央编译出版社 2000 年版。

[132] [美] 马泰·卡林内斯库，《现代性的五副面孔：现代主义、先锋派、颓废、媚俗艺术、后现代主义》，顾爱彬、李瑞华译，商务印书馆 2002 年版。

[133] [美] 马歇尔·伯曼：《一切坚固的东西都烟消云散了》，徐大建等译，商务印书馆 2003 年版。

[134] [美] 詹姆斯·施密特：《启蒙运动与现代性》，徐向东、卢华萍译，上海人民出版社 2005 年版。

[135] [法] 西蒙·波伏娃：《第二性》，陶铁柱译，中国书籍出版社 2004 年版。

[136] [美] 阿莉森·贾格尔：《女性主义政治与人的本质》，孟鑫译，高等教育出版社 2009 年版。

[137] 王岳、尚水：《后现代主义文化与美学》，北京大学出版社1992年版。
[138] 汪民安、陈永国、马海良：《后现代性的哲学话语》，浙江人民出版社2000年版。
[139] 汪民安、陈永国：《尼采的幽灵》，社会科学文献出版社2000年版。
[140] 高宣扬：《后现代论》，中国人民大学出版社2005年版。
[141] 李醒尘：《西方美学史教程》，北京大学出版社2005年版。
[142] 彭富春：《哲学美学导论》，人民出版社2005年版。
[143] 汪民安：《色情、耗费与普遍经济：乔治·巴塔耶文选》，吉林人民出版社2011年版。

四 研究论文

1. 外文部分

[144] Norman Hampson, "Chairman's Remarks on the Symposium 'Autonomy as an educational ideal'", *The Enlightenment*, Harmondsworth: Pelican Hare, 1975.

[145] Patricia O'Brien, "Crime and Punishment as Historical Problem", *Journal of Social History*, Princeton: Princeton UP, 1978.

[146] Monique Plaza, "'Phallomorphic' Power and the Psychology of 'Women'", *Gender Issues*, Vol. Ⅰ, 1980.

[147] Jurgen Habermas, "Modernity versus Postmodernity", *New German Critique*, 22 (Winter), 1981.

[148] Janet Wolff, "The Invisible Flâneuse", *Women and the Literature of Modernity*, Theory, Culture and Society 2, 1985.

[149] Daniel Goleman, "Dislike of Own Bodies Found Common Among Women", *The New York Times*, March 19, 1985.

[150] Thomas Cash et al., "The Great American Shape-Up", *Psychology Today*, April, 1986.

[151] Arthur W. Frank, "Bringing Bodies Back in: a Decade Review", *Theory, Culture and Society 7*, 1990.

[152] Rey Chow, "Violence in the Other Country: China as Crisis, Spectacle and Woman", in Chandra Talpade Mohanty and Russo Lourdes Torres Eds., *Third World Women and the Politics of Feminism*, Bloomington and Indianapolis: Indiana University Press, 1991.

[153] Michiko Kakutani, *The Female Condition, Re-explored 30 Years Later*, The New York Times, May 18, 1999.

2. 中文部分

[154] [法] 托泽尔:《从〈辩证理性批判〉到〈家庭的白痴〉》,《法国文学史》第4卷,巴黎社会出版社1982年版。

[155] 刘北成:《福柯史学思想简论》,《史学理论研究》1996年第2期。

[156] 汪晖:《关于现代性问题答问——答柯凯军先生问》,《天涯》1999年第1期。

[157] 汪民安:《后现代性的哲学话语》,《外国文学》2001年1月。

[158] 汪民安:《论福柯的"人之死"》,《天津社会科学》2003年第5期。

[159] 李晓林:《福柯的"生存美学"》,《文史哲》2003年第5期。

[160] 彭富春:《身体与身体美学》,《哲学研究》2004年第4期。

[161] 张艳玲:《解读福柯:从"知识考古学"到"系谱学"》,《河北师范大学学报》(哲学社会科学版)2004年第6期。

[162] 高宣扬:《后现代专题》(同济大学哲学系课程纲要),2004

年9月至2005年2月。

[163] 高宣扬：《福柯的生存美学的基本意义》，《同济大学学报》（社会科学版）2005年第1期。

[164] 高宣扬：《当代法国哲学的逾越精神》，《法兰西思想评论，第一卷（2004）：启蒙与当代法国哲学国际学术研讨会文集》，同济大学出版社2005年5月。

[165] 李震：《福柯谱系学视野中的身体问题》，《求是学刊》2005年第2期。

[166] 陈金全：《后现代法学的批判价值与局限》，《现代法学》2005年第2期。

[167] 彭富春：《身体美学的基本问题》，《中州学刊》2005年第3期。

[168] 许斗斗：《启蒙、现代性与现代奉献社会——对康德、福柯、吉登斯之思想的内在性寻思》，《东南学术》2005年第3期。

[169] 莫伟民：《福柯思想渊源梳理》，《云南大学学报》2005年第5期。

[170] 任俊英：《典型报道的话语分析——从福柯的视点出发》，复旦大学2006年博士学位论文。

[171] 傅永军：《启蒙与现代性的生成》，《东岳论丛》2008年第6期。

[172] 周绍雪：《女性主义运动：历史与理论的演进逻辑》，《湖南社会科学》2009年第6期。

[173] 高宣扬：《什么是"当代"——从福柯回溯到波德莱尔》，《艺苑》2010年1月。

[174] 胡可清：《身体理论 女性主义 经验遮蔽》，《河北理工大学学报》（社会科学版）2011年第2期。

Abstract

This paper mainly analyzes Michel Foucault's ideological theory of enlightenment and modernity, as well as his academic ideas of "aesthetics of existence" which might be inspired from Baudelaire's dandyism. Besides, based on the interpretation of the texts of Foucault, this paper also puts emphasis on discussing how Foucault's theoretical works on "aesthetic of oneself" could contribute to the development of feminism nowadays as well as its possible limitations.

The structure of this paper would be divided into six chapters, where each related issues would be carefully discussed and analyzed.

The first chapter mainly introduces Foucault's general ideas which include his ideological background, origins and the possible impacts of his research in academic domains. Besides, this chapter also focuses on clarifying three key words during the entire process of Foucault's research, which are the truth, power and ethics. The conclusion of these contents would rather be treated as the general groundwork for the following chapters and also serve as basic proofs for the further analytical developments.

In the second chapter, the Author concentrates on discussing the understanding of the term "enlightenment". In German, the word "enlightenment" refers to Aufklärung, which means "to clarify" or "to light up". Generally speaking, Kant's concept about enlightenment has the

Abstract

most important impact in the academic world, and Foucault also considered Kant's ideas as a main breakthrough point in his paper. Thus it is necessary to clarify what is Kant's understanding of "enlightenment". In fact, Kant believes that the "lighten" of enlightenment can be defined as "without the guidance of the others; one is not able to use his intellectual abilities". As a result of this, the term "Enlightenment" should be understood as "out of one's self-incurred immature status". Then the enlightenment revolution refers to a scene where "one breaks away from the immature status". Foucault has posed his query against Kant's idea; he selected the concept of "the subject's rational autonomy" out of enlightenment. In fact, since Foucault has published his work "words and objects" in 1966, he just started a fight against the subject which has been traditionally believed as rational autonomic and also capable of being freed from others' rules. From this point of view, it is true that Foucault has really had an opposite attitude towards Kant's understanding of human being's "enlightenment".

More specifically speaking, based on Kant's famous article "What is enlightenment/Was ist Aufklärung" which has been published on Berlin Monthly in November, 1784, Foucault has written an dialogue which shares the same title. In this article, Foucault posed the well-known question of "What is enlightenment" in front of us again two hundred years after. During the explanation of Kant's text, Foucault focuses on how Kant uses the term "Ausgang" to define enlightenment. In German, Ausgang refers to "a way out/an exit". However, from Foucault's point of view, enlightenment rather refers to a critical era, and he also believes that it is this definition of enlightenment that brings out the concept of modern subject. Thus, in the comparison between the ideas of Kant and Foucault, this paper continues to explore Foucault's idea of modernity.

Foucault's concept of modernity will also be discussed in the same chapter there. In General, people normally understand the term "modernity" as the era where a new world system has formed from the beginning of enlightenment. This is a continuously progressing, purposeful and irreversible developing concept of time. However, this concept has been changed by Foucault as he attributes all those ontological questions to a single diagnosing problem of "What today is". The contents contained in this diagnosis is not just simply to find out all the characteristics of "Who we are", but rather to require people to seek the line of fragility in the present where human beings experience the fleeting of all things. As a result of this, in Foucault's article of "What is enlightenment", he summarizes "modernity" as an attitude that links a person himself not only to the era but also to the future. Moreover, Foucault also explains modernity with the factors of coincidence, transitivity, fleeting but with an intention to re-capture the eternity in the present.

Talking about modernity, Foucault greatly appreciates the French poet Baudelaire, who depicted "dandy" as the representation model of modernity echo. By describing various kinds of dandy's behaviors in life, people could find out a pursuit which corresponds to the "requirement of times", and also a style which relates to the real essence of art in the future time. In short, Baudelaire refers modernity to present moment and pure instant present tense, modernity is each present in its pressentness, which exists in the pure instantaneity, then immediately fleet away and become a moment of the past, while it also contains the factor of eternity. Thus, Baudelaire believes that the most outstanding feature of modernity is the pursuit of certain trends at the present, or the grasp of certain sensuous present in the instantaneity. This understanding of modernity reflects the paradox of "sense of time", and it also represents a new break point in the history of modernity.

The paper will focus on Foucault's concept of "aesthetics of the self" in chapter three. Since the aesthetics theory of Foucault may rise from his ideas of the body concept, and the being of all the human beings starts from the existence of one's body, thus it is necessary to introduce the concept of body first in this chapter. In fact, body aesthetics contain a very broad meanings, it could even be believed that the body aesthetics is born and developed with aesthetics itself. But it needs to be pointed out that the body refers to something special in modern and post modern aesthetics, it is not just the aesthetics about the body, but rather the aesthetics started from it. Meanwhile, it is also worth mentioning that the thinking of Foucault on the body aesthetics is deeply influenced by the ideas of Nietzsche. Though they are not the same, since Nietzsche's body actively criticizes and measures the world, while Foucault's body is more like a passive and docile subject which is gradually tamed and record various historical events. As a result of this, the body in Foucault's mind could be seen as an historical objective thing, and he was trying to describe a system in which the body is constructed as some cultural building. Foucault believes that the body is the premises of the source; the historical events create the body and reflect themselves on the body. Then as the fleeting time goes by, a variety of events continuously flush the body, while the body keeps changing itself in the collision of different forces, and it is showing the new face with the times. Actually, all the explorations of the body aesthetics in Foucault's ideological system will demonstrate its rich meanings of the body itself.

The following chapter analyses the aesthetics of existence, which could be considered as one of the central concepts during Foucault's entire life. In fact, what lies behind Foucault's early and mid years research is his strong interests in people's life, he tries to exceed the traditional thinking, behaviors and life styles which have been rules since the start of enlightenment.

The real purpose for Foucault is to recover the concept of "ourselves" back into the original "ourselves", he fights against all the interventions, dominations, disciplines and controls which pressed various rules and regulations on ourselves, and he believes that one should always satisfy his own aesthetic desires and implement the life, behaviors and thinking in one's own way. What he expects the most is that an individual puts himself into a continuously changing and improving life process through his free choice in order to reach the individual stylized existence of life. It should be pointed out that Foucault's aesthetics of existence should be realized by applying the "technique of the self". In short, Foucault's aesthetics of existence insists that the pursuit of the highest freedom can only be reached under the aesthetics transcendence, and only in the free aesthetics can we accomplish creation, exceeding, and accomplish the satisfaction of our aesthetics pleasure as well as the process of updating our own lives. Actually in Foucault's late years, he calls this life style of caring oneself as the living skills, living art, and existence art or existence aesthetics.

In fact, Foucault's various aesthetics theories have enormous impacts on our society today, especially to the development of the feminism, his theory and ideas have caused an extensive and profound influence. Thus the fifth chapter of this paper mainly focuses on analyzing in detail what impacts Foucault's aesthetics of existence have caused in the world of feminism. Besides, the ideas of some well known scholars like Simone de Beauvoir and Judith Butler are also to be introduced in this part, they uses the ideological ideas of feminism and existentialism, combine with

Foucault's theories such as the ideas about modern power and the self, to reconstruct the concept of "feminist", and they also criticize the old concepts and believes in the traditional social culture. What these feminist scholars believe is that women are not born to be the weak ones, but they are rather disciplined and educated to be the weak by the force of the entire society.

Actually, feminism scholars are against any definition of the so called "natural essence", and they insist that there is no such thing as "woman's natural essence".

Meanwhile, this chapter will also mention the problems of "the other" which is often ignored by the first world feminists in the western countries, this is the problem raised from the third world's feminism. Apply to what Spivak has mentioned in his paper, people should be learning to the third world women, who are now walking into a "language, world and self-consciousness" union, and people should start to speak out for them in a more fair and equal point of view. At the same time, people should also respect the trend of diversity due to the different ethnics, cultural and other factors.

From the practical point of view, only when more and more individuals in the society, including men and women, are willing to take risks and choose to live their personalized lifestyle, those traditional regulating coercive powers would possibly be weakened and finally collapse. And only in this way, the ideal pluralism and democratization society which the feminists have called for would become a reality.

Nevertheless, it is still necessary to mention that there are still defects and blind spots in Foucault's thoughts, especially for feminists. Actually there are already some theorists have pointed it out in their studies. Thus, in the last chapter, the paper will apply the existing critical resources to reveal the inherent defects in Foucault's ideas and theories, such as the negligence of gender difference in Foucault's thoughts, inequalities in the care of the self theory, as well as the possible limits of Foucault's aesthetic of the self, etc. Lastly, it will also summarize the continuation after Foucault's thinking and spirits.